어휘를 알아야 만점을 잡는다!

스토리텔링식 신교과서 학습을 위한

마법의 상위권 어휘

초등 **1-2** 단계

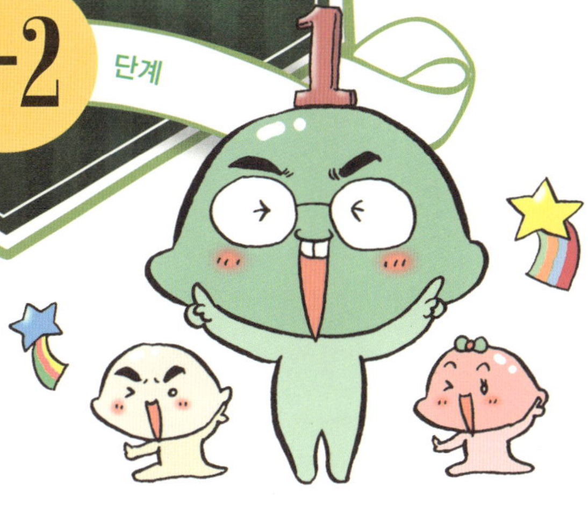

마법스쿨

상위권이 되려면 어휘부터 잡아라!

> "한자 공부는 어휘 학습에 꼭 필요해요."

학교 공부란 책을 읽고 그 속에 담긴 지식과 생각을 바르게 이해하고, 자기 생각을 말과 글을 통해 정확히 표현하는 것입니다. 그러므로 학교 공부는 다양한 내용의 어휘를 마음껏 부리어 사용하는 활동이라고 해도 지나친 말이 아닙니다. 학교 공부를 잘하려면 어휘력이 있어야 한다는 말은 그래서 나온 것입니다. 어휘력이 높은 학생이 그렇지 못한 학생보다 좋은 성적을 받고 있는 것은 실험을 통해서도 확인이 된 사실입니다.

어휘력을 키우기 위해서는 어휘 공부를 별도로 해야 합니다. 책을 많이 읽으면 일반 생활 어휘는 익힐 수 있습니다. 그러나 교과서에 나오는 학습 어휘, 예를 들어 축척·등고선·침식·퇴적과 같은 어휘는 동화책이나 인물 이야기에서는 배우기 어렵습니다. 이러한 학습 어휘는 학교 공부에서 중요한 역할을 하기 때문에 따로 배우지 않으면 안 됩니다. 〈마법의 상위권 어휘〉는 학습 어휘를 재미있게 배울 수 있도록 만든 좋은 어휘 교재입니다.

그런데 이러한 학습 어휘는 대부분 한자로 되어 있지요. 그래서 어휘 공부를 하려면 한자를 함께 배우지 않으면 안 됩니다. 문제는 한자 학습법이 아직도 '무조건 외워라' 하고 강요하는 방식이라는 점이지요. 하지만 이제는 바꿔야 합니다. 무조건 외우는 천자문식 학습법 대신, 이 책에서 소개하는 연상 암기법으로 한자를 익히면 쉽고 재미있게 한자를 익힐 수 있을 것입니다. 학습 어휘도 배우면서 초등 필수 한자도 익힐 수 있는 일석이조 학습은 〈마법의 상위권 어휘〉만의 자랑입니다.

• 박원길 전주 성심여고 교사
〈한자 암기 박사〉
〈국가대표 한자〉 저자.
〈마법의 상위권 어휘〉 감수 위원.

상위권 도약의 비결,
바로 언어 사고력을 키워 주는 어휘 학습!

상담을 위해 저를 찾은 학부모님들 중에는 이런 말씀을 하시는 분들이 참 많습니다. 1, 2학년 때만 해도 상위권을 유지하던 아이인데, 학년이 올라가니까 성적이 떨어지고, 공부도 싫어한다는 겁니다. 이런 아이들을 살펴보면, 학습지나 문제집에서 많이 보았던 문제는 잘 풀지만, 조금만 낯선 유형의 문제가 나와도 당황하여 포기하고 말지요. 학년이 올라갈수록 공부는 점점 더 어려워집니다. 어려운 개념도 많이 등장하고, 응용력과 사고력을 요구하는 다양한 유형의 문제들이 많이 나옵니다. 하지만 단순 반복적인 학습지, 그대로 떠먹여 주는 공부법에 익숙해지면, 시험 문제를 풀 때도 머리로 생각하기보다 습관처럼 손이 먼저 움직이기 마련입니다. 당연히 낯선 지문, 낯선 유형의 문제에는 손이 가지 않겠지요.

이 세상의 지문과 문제를 모두 풀어 볼 수는 없습니다. 그래서 새로운 지문과 문제가 나왔을 때 배우지 않고도 짐작할 수 있는 추론 능력이 필요합니다. 〈마법의 상위권 어휘〉에서는 지문을 읽으면서 어휘의 뜻을 유추하는 훈련을 하고, 어휘를 낱글자별로 뜯어서 분석하는 훈련을 합니다. 이러한 유추와 분석의 과정을 거쳐서 자연스럽게 추론 능력이 생기게 되지요. 이는 오랜 현장 경험을 통해 효과를 검증받은 학습법이기도 합니다. 또 모든 과정이 재미있게 진행되므로 아이들이 싫증 내지 않고 공부할 수 있습니다.

〈마법의 상위권 어휘〉는 상위권 도약을 꿈꾸는 아이들과 학부모들을 위해 마련된 프로그램입니다. 이 책을 만나는 모든 어린이들이 뛰어난 어휘력과 추론 능력을 갖추고 상위권으로 도약하는 기쁨을 맛보기 바랍니다.

김명옥 한국학습저력개발원 원장
〈평생성적, 초등 4학년에 결정된다〉,
〈아이의 장점에 집중하라〉 저자.
〈마법의 상위권 어휘〉 기획 자문 위원.

> "어휘 학습으로 언어 사고력을 키워 주세요."

학습 방법론

언어 사고력을 키우는
VIVA 학습법을 공개합니다!

≋ 상위권으로 가는 마법의 학습법 ≋

Vision 상상

재미있는 이야기 속에서 어휘의 뜻을 상상합니다.

> "형, 내가 힘들게 나눠 놓은 걸 왜 자꾸 건드려?"
> 난 화가 나서 형에게 소리쳤어요.
> "바보, 병의 뚜껑 **부분**은 따로 분리하는 거 모르냐?
> **분명** 병은 유리이고, 뚜껑은 쇠로 되어 있잖아."
> 그랬나? 그러고 보니 형의 말이 맞는 것 같았어요.
> "쳇! 누가 몰랐다 그런 줄 알아? 이거 한 다음에 하려고 한 거지."
> 난 잘 몰랐다는 생각에 멋쩍기도 하고, 형이 잘난 척하는 것 같아
> 괜히 얄밉기도 해서 퉁명스럽게 쏘아붙였어요.

Insight 통찰

낱글자 풀이를 보며
어휘의 구성 원리를 터득합니다.

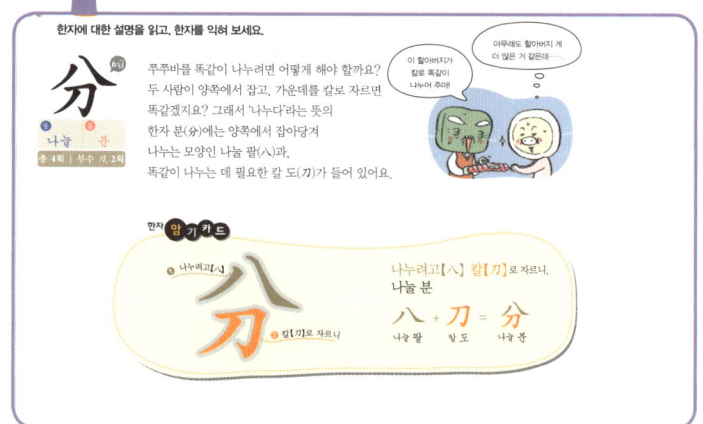

이야기로 익힌다!

- 재미있는 이야기로 공부 부담을 줄입니다.
- 이야기 속에서 어휘의 뜻을 상상하며 유추의 힘을 키웁니다.
- 이야기 속에서 상상한 뜻을 맛보기 문제를 풀며 확인합니다.

저절로 외워진다!

- 초등학교 학습 어휘의 90퍼센트 이상은 한자 어휘이며, 한자 어휘는 한자가 둘 이상 모인 복합어입니다.
- 어휘 속에 들어 있는 한자의 뜻만 알아도 어휘 뜻이 술술 풀립니다. 낱글자 풀이를 보며 어휘의 뜻을 파악하면서, 어휘의 구성 원리도 터득합니다.
- 한자 학습서의 베스트셀러 〈한자 암기박사〉의 학습법을 적용, 이야기를 읽다 보면 한자가 저절로 외워집니다.

"엄마를 놀라게 하는 학습지!"

Variety 확장

하나를 알면 열을 알듯이, 중심 어휘와 관련된 어휘들을 꼬리에 꼬리를 물듯 배웁니다.

어휘가 꼬리를 문다!

- 같은 한자가 쓰인 여러 어휘들을 꼬리를 물고 배웁니다.
- 이미 배운 대표 어휘와 같은 주제의 여러 어휘들을 꼬리를 물고 배웁니다.

Application 활용

재미있는 게임형 문제로 어휘 활용 능력을 키웁니다.

재미있게 공부한다!

- 머리를 자극하는 게임형 문제를 풀다 보면 어휘력이 쑥쑥 자라납니다.
- 친근하고 재미있는 떡 캐릭터와 함께 공부의 즐거움을 느낄 수 있습니다.

마법의 상위권 어휘 무엇을 배울까요?

초등학교 1단계 학습 내용

1-1단계

호		교과서 학습 어휘	한자	연계교과
제1호	01	신장, 신체, 체육, 체중, 체력	長(8급)	바른 생활 / 즐거운 생활
	02	높이, 깊이, 굵기, 넓이, 들이	小(8급)	수학
제2호	01	가정, 가장, 가훈, 가계부, 가축	家(7급)	슬기로운 생활
	02	입원, 접수, 진찰, 수납, 퇴원	入(7급)	바른 생활 / 슬기로운 생활
제3호	01	전용, 금지, 통행, 보행, 보도	行(6급)	슬기로운 생활
	02	달그락달그락, 후드득후드득, 흥얼흥얼, 발름발름, 촐래촐래, 배틀배틀	語(7급)	국어
제4호	01	역할, 처지, 배려, 측은, 공감	地(7급)	바른 생활 / 슬기로운 생활 즐거운 생활 / 국어 / 수학
	02	견학, 발견, 견본, 의견, 편견	見(5급)	국어

초등학교 1단계 학습 내용

〈마법의 상위권 어휘〉는 전체 **5단계 10권**으로 구성되어 있습니다.
초등학교 1단계에서는 초등학교 저학년 어린이가 꼭 알아야 할
중요 어휘들을 공부할 수 있습니다.

1-2단계

호		교과서 학습 어휘	한자	연계교과
제 1 호	01	공통점, 비교, 장점, 단점, 차이점	比(5급)	슬기로운 생활 / 국어 / 수학
	02	분담, 분리, 부분, 분류, 분명	分(6급)	바른 생활 / 슬기로운 생활 국어 / 수학
제 2 호	01	실내, 실외, 국내, 국외, 내국인, 외국인	外(8급)	바른 생활
	02	동갑, 동창, 동의, 협동, 동행	同(7급)	즐거운 생활
제 3 호	01	독주, 합창, 독창, 가사, 합주	歌(7급)	즐거운 생활
	02	인물, 시설물, 물체, 풍물, 생물	物(7급)	바른 생활 / 슬기로운 생활 즐거운 생활 / 국어
제 4 호	01	활동, 동력, 능동, 수동, 변동	動(7급)	바른 생활 / 즐거운 생활 수학
	02	수집, 전집, 집중, 집계, 채집	集(6급)	슬기로운 생활

구성과 특장점

마법의 상위권 어휘 이렇게 공부하세요!

지문 읽기

글을 읽으면서 주황색으로 된 낱말의 뜻은 무엇인지 머릿속에 그려 보세요. 낱말의 뜻은 글 속에서 익혀야 정확하게 알고 오래 기억할 수 있답니다.

맛보기

지문에 나온 주황색 낱말 중 하나를 골라 빈칸에 답을 써 보세요. 한 번만 써 보아도 어휘를 내 것으로 만드는 데 큰 도움이 됩니다.

돋보기

글을 읽거나 문제를 풀어 보며 학습 어휘를 알아보세요. 한자와 낱글자 풀이를 꼼꼼히 읽으며 설명을 읽으면 쉽게 뜻을 알 수 있어요.

쏙쏙

설명을 다 읽은 다음, 쏙쏙 문제를 풀어 보세요. 머릿속에 어휘들이 쏙쏙 들어올 거예요.

한자가 술술

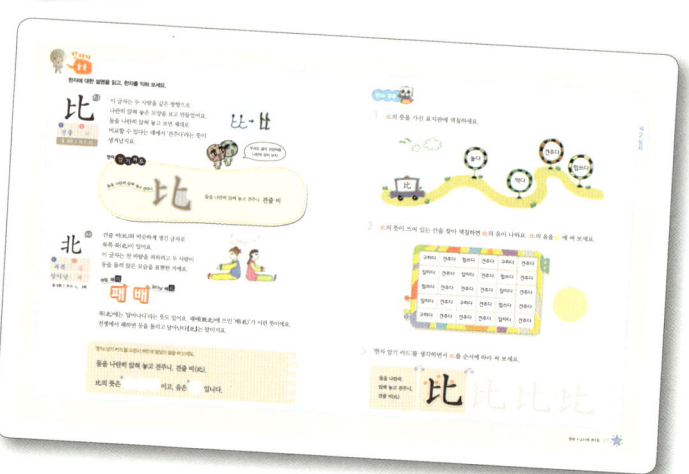

한자에 관한 설명을 읽고 한자 암기 카드의 문장을 소리 내어 읽어 보세요. 머릿속에 한자가 자연스럽게 그려집니다.

한자 쏙쏙

한자의 음과 뜻에 관한 문제를 풀어 보고 한자를 순서에 따라 써 보세요.

● 각 호는 1주일, 각 권은 1개월 단위의 학습량으로 구성되어 있습니다. 일주일에 한 호씩, 한 달이면 나도 상위권 어휘력을 가질 수 있어요.

도전! 어휘왕

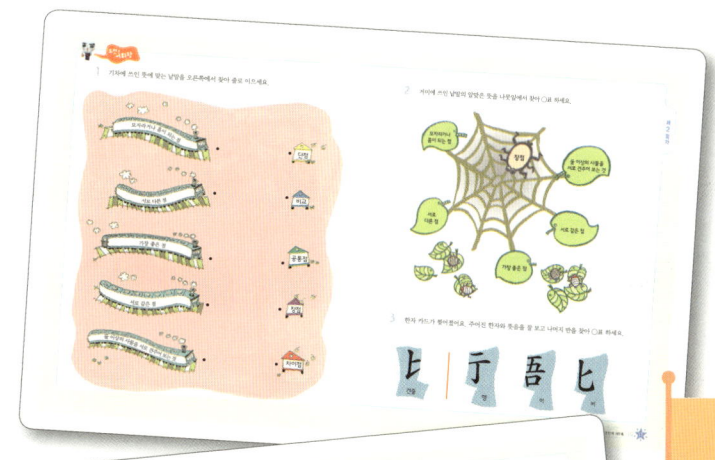

재미있는 게임형 문제를 풀며 어휘력을 키울 수 있어요.
사다리, 미로, 색칠하기, 선긋기 등 다양한 활동으로 재미있게 공부해 봐요.

평가 문제

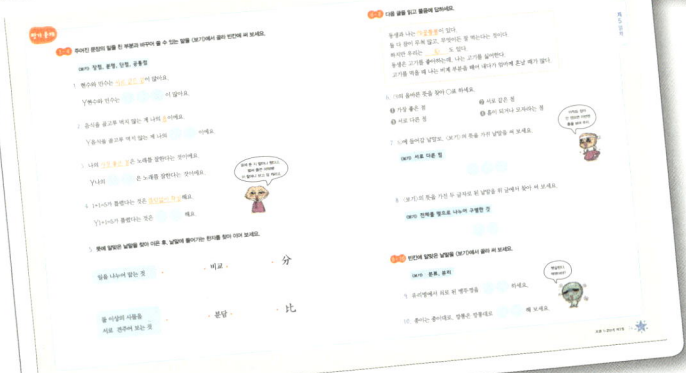

학교 시험 문제와 유사한 유형의 문제를 풀어 볼 차례입니다.
어휘력으로 학교 공부를 잡는다는 말, 여기에서 실감해 보세요!

어휘랑 놀자!

01
아름답고 궁금한 우리말 이야기

교과서에 나오는 순우리말과 속담을 만화로 재미있게 익혀 보세요.

02
비슷해서 틀리기 쉬운 말 비교해서 틀리지 말자

친구들의 글 속에서 잘못 쓴 말을 찾아보세요.
어법에 어긋나기 쉬운 표현을 비교하며 알아보세요.

 주요 등장인물 소개

마법의 상위권 어휘
떡 친구들을 소개합니다!

애들아, 안녕?

반가워.
나는 쑥을 넣어 만든
말랑말랑한 떡이야.

얘는 내가 기르는 개,
떡구!

개떡이라 개가
잘 따르는구나.

내 이름은 쑥개떡,
가끔 개떡이라고도 불러.

나는 꿀물을 가득 담고 있는
꿀떡이야.

초등 **1-2** 단계

어휘를 알아야 만점을 잡는다!

스토리텔링식 신교과서 학습을 위한

마법의 상위권 어휘

제 **1** 호

어휘가 쑥쑥 자라요.

부모님과 선생님께서는 이렇게 지도해 주세요

제 **1** 일차	제 **2** 일차	제 **3** 일차	제 **4** 일차	제 **5** 일차
오빠와 동생의 이야기를 읽고, '분류, 분리, 분담, 부분, 분명'을 익힙니다. 맛보기를 풀어 보고, 돋보기에서 어휘의 뜻과 설명을 공부하도록 지도해 주세요.	'比'를 배우고, '比'와 '비교, 장점, 단점, 차이점, 공통점'에 관련된 문제를 풀어 보며 어휘 학습을 하도록 지도해 주세요.	분리수거에 대한 이야기를 읽고, '분류, 분리, 분담, 부분, 분명'을 익힙니다. 맛보기를 풀어 보고, 돋보기에서 어휘의 뜻과 설명을 공부하도록 지도해 주세요.	'分'을 배우고, '分'과 '분류, 분리, 분담, 부분, 분명'에 관련된 문제를 풀어 보며 어휘 학습을 하도록 지도해 주세요.	교재에서 배운 모든 어휘와 한자에 대한 평가 문제를 풀어 보며 어휘 실력을 다지고, 자신의 실력도 평가해 봅니다.

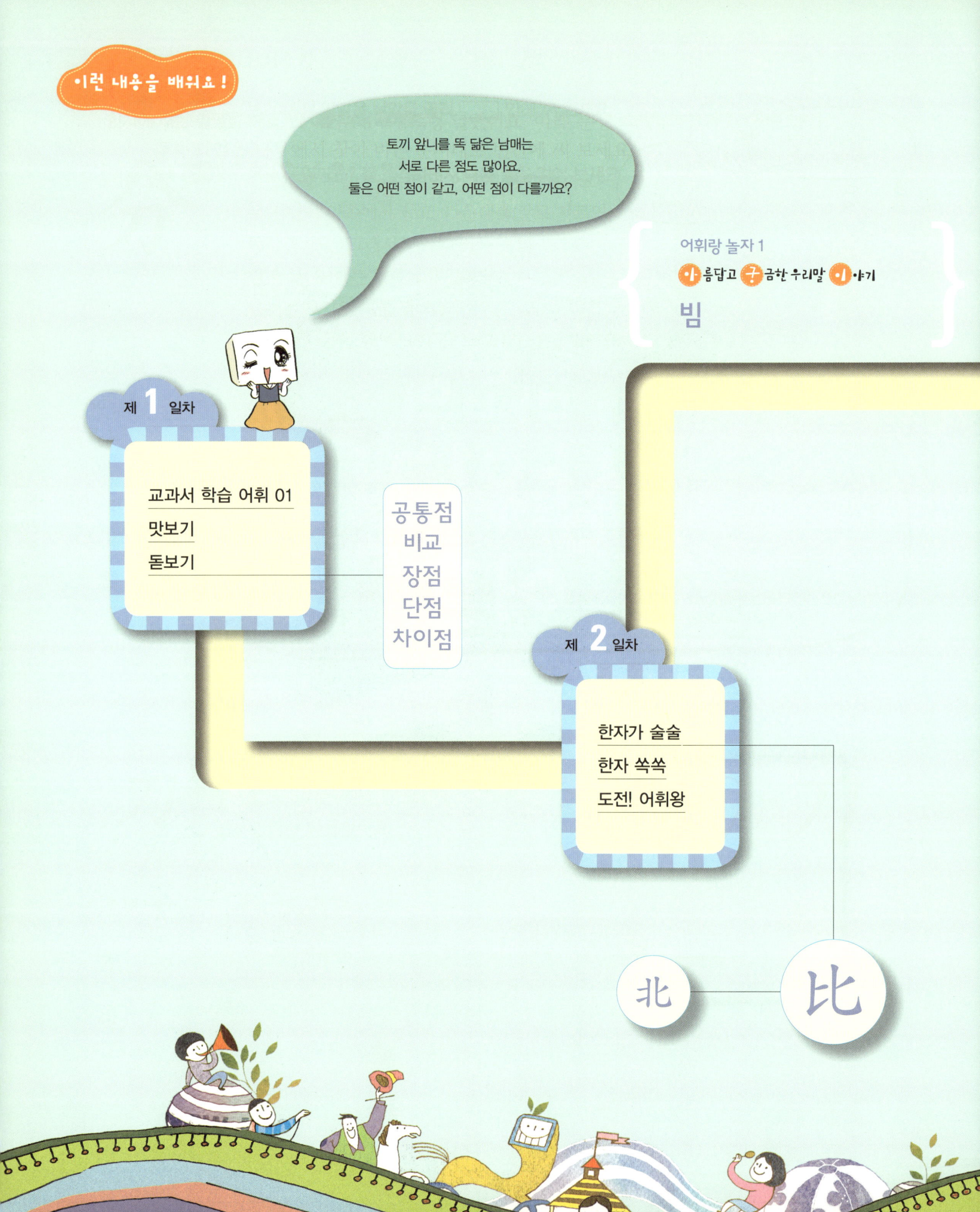

교과서 학습 어휘 01

바른생활 슬기로운 생활 즐거운 생활 국어 수학

 비교 · 장점 · 단점 · 차이점 · 공통점

◐ 글 속의 주황색 낱말들은 무슨 뜻일까요? 잘 생각하면서 다음 글을 읽어 보세요.

우리 오빠는 정말 얄미워요.
공부 잘하죠, 엄마 말씀 잘 듣죠, 심부름 잘하죠.
정말 나랑은 너무 **비교**된다니까요.
엄마는 늘 오빠의 이런 **장점**을 칭찬하세요.
하지만 난 오빠의 **단점**도 잘 알아요.
성격이 너무 얌전한 데다 집에서 책 읽는 것만 좋아해서 친구가 없어요.
이 점이 나와 다른 **차이점**이기도 하죠.
난 친구들과 밖에서 놀기를 무척 좋아해서 친구들한테 인기가 많거든요.
하긴 우리 둘 사이엔 꼭 닮은 **공통점**도 하나 있어요.
사실 오빠랑 나는 엄청 큰 토끼 앞니 두 개가 있죠.
하도 똑같이 생겨서 입을 벌려 웃기만 하면
사람들이 다 알아챈다니까요.
아! 이렇게 꼭 닮은 토끼 앞니 때문에, 얄미운 오빠지만
우리 둘이 남매라는 사실을 절대 숨길 수 없어요.

 **맛보기** 그림을 잘 보고, 두 개의 낱말 가운데 알맞은 하나를 골라 ○ 하세요.

1

"어른들께 인사를 잘하는 게 나의 (장점) 단점 이에요."
▶ 가장 좋은 점이에요.

2

"개와 고양이를 비교 공통점 해 보세요.
무엇이 같고, 무엇이 다른가요?"
▶ 둘 이상의 사물을 서로 견주어 보는 것이에요.

3

"길이가 다르다는 것이 두 연필의 차이점 공통점 이에요."
▶ 서로 다른 점이에요.

4

"새와 나비의 공통점 차이점 은 모두 날아다닐 수 있다는 거예요."
▶ 서로 같은 점이에요.

5

"걸핏하면 신경질을 부리는 게 나의 장점 단점 이에요."
▶ 모자라거나 흠이 되는 점이에요.

떡 탐정이 남우를 돕기 위해 나섰어요. 어떻게 도울 수 있을까요?
남우와 탐정의 이야기를 읽으며 낱말을 익혀 보고, 쏙쏙 문제도 풀어 보세요.

햇볕이 쨍쨍 내리쬐는 더운 날이에요.
남우가 집에 들어서자마자 말했어요.
"엄마, 목말라요!"
"식탁 위에 얼음 넣은 수정과 올려놨다. 마시렴.
아참, 하나는 엄마가 먹던 냉커피니까 그냥 두고, 수정과로 마셔!"
식탁 위에 가 보니 똑같은 컵 두 개가 놓여 있었어요.
"도대체 어떤 게 수정과지요? 쓴 커피는 못 마시겠고,
얼른 시원한 수정과를 마시고 싶은데 말이에요.
떡 탐정님, 어떻게 하면 좋을까요?"

우선 수정과와 냉커피의 **공통점**은 한눈에 봐도 알 수 있지.
색깔이 같아. 그럼 둘의 이모저모를 **비교**해 볼까?

함께 공 共   통할 통 通   점 점 點

공통점

서로 같은 점이에요.
얼음을 넣은 수정과와 냉커피는 색깔이 같은
'공통점'이 있어요.

견줄 비 比   견줄 교 較

비교

→ 서로 견주다.

둘 이상의 사물을 서로 견주어 보는 것이에요.
떡 탐정은 수정과와 냉커피를 '비교'해
둘을 구별하려고 해요.

빈칸에 알맞은 낱말을 〈보기〉에서 골라 써 보세요.   〈보기〉 공통점, 비교

- 식탁 위에 놓인 수정과와 냉커피의 ❶ _____ 은 색깔이 같다는 거예요. 하지만 이 중 시원한

수정과를 골라 마시려면 둘을 ❷ _____ 해 수정과를 찾아내야 해요.

 그렇다면 이제 수정과와 냉커피의 **장점**과 **단점**을 비교해 볼까?
여러 가지를 생각하다 보면 **차이점**도 알 수 있을 거야.

제1일차

장 점

나을 장 長 · 점 점 點

낱 나은 점.

가장 좋은 점이에요. 수정과의 '**장점**'은 달고 맛있다는 거예요.
냉커피의 **장점**은 어른들이 피곤할 때 마시면 머리가 맑아진다는 것이지요.

단 점

모자랄 단 短 · 점 점 點

낱 모자라는 점.

모자라거나 흠이 되는 점이에요.
수정과의 '**단점**'은 계피 맛이 강할 때에는 조금 매운 맛이 난다는 거예요.
냉커피의 **단점**은 너무 많이 마시면 잠이 안 온다는 것이지요.

차 이 점

다를 차 差 · 다를 이 異 · 점 점 點

낱 서로 다른 점.

그렇군! 답은 바로 냄새에 있었어!

서로 다른 점이에요. 수정과와 냉커피의 냄새를 맡아 보세요.
수정과에는 계피가 들어 있어 계피 향기가 진하게 나고,
커피도 독특한 향내가 있어서
냄새를 맡아 보면 '**차이점**'을 쉽게 알 수 있어요.

야호, 수정과다!

빈칸에 알맞은 낱말을 〈보기〉에서 골라 써 보세요. 〈보기〉 차이점, 장점, 단점

- 떡 탐정은 수정과와 냉커피의 가장 좋은 점인 ❶  과 흠이 되는 ❷ 에 대해 생각했어요.

그러다 보니 곧 둘의 ❸  도 생각났죠. 바로 냄새! 떡 탐정은 냄새로 둘을 구별할 수 있었어요.

한자에 대한 설명을 읽고, 한자를 익혀 보세요.

比 ^{5급}

뜻: 견줄 / 음: 비
총 4획 | 부수 比

이 글자는 두 사람을 같은 방향으로 나란히 앉혀 놓은 모양을 보고 만들었어요. 둘을 나란히 앉혀 놓고 보면 제대로 비교할 수 있다는 데에서 '견주다'라는 뜻이 생겨났지요.

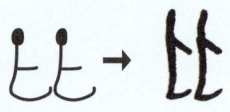

우리도 글자 모양처럼 나란히 앉아 보자.

한자 암기 카드

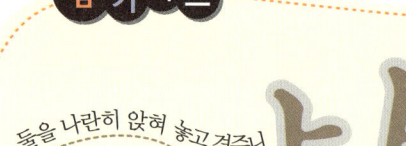

둘을 나란히 앉혀 놓고 견주니

둘을 나란히 앉혀 놓고 견주니, **견줄 비**

北 ^{8급}

뜻: 북쪽 / 음: 북
달아날 / 배
총 5획 | 부수 匕, 3획

견줄 비(比)와 비슷하게 생긴 글자로 북쪽 북(北)이 있어요.
이 글자는 찬 바람을 피하려고 두 사람이 등을 돌려 앉은 모습을 표현한 거예요.

패할 패 敗   달아날 배 北

북(北)에는 '달아나다'라는 뜻도 있어요. 패배(敗北)에 쓰인 '배(北)'가 이런 뜻이에요. 전쟁에서 패하면 등을 돌리고 달아난다【北】는 말이지요.

'한자 암기 카드'를 보면서 빈칸에 알맞은 말을 써 보세요.

둘을 나란히 앉혀 놓고 견주니, 견줄 비(比).

比의 뜻은 ❶ ⃝ ⃝ ⃝ 이고, 음은 ❷ ⃝ 입니다.

1 比의 뜻을 가진 표지판에 색칠하세요.

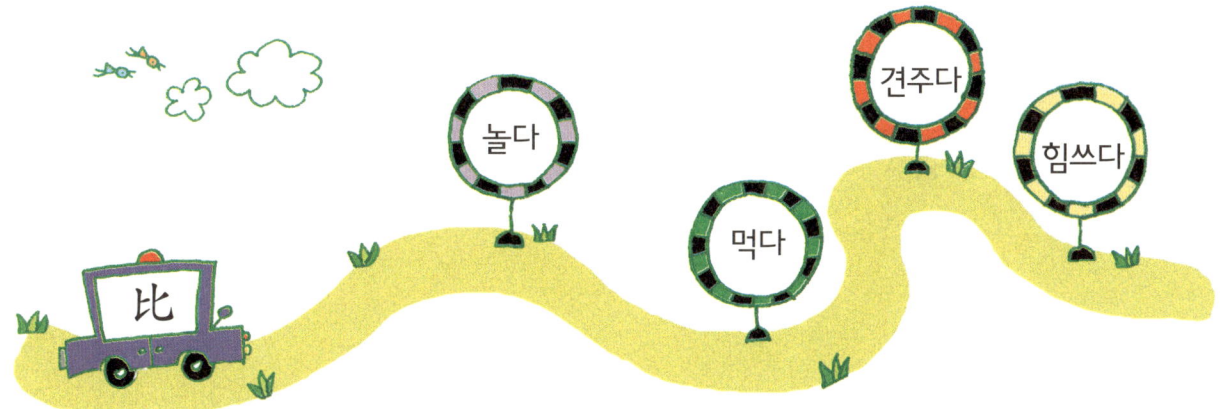

2 比의 뜻이 쓰여 있는 칸을 찾아 색칠하면 比의 음이 나와요. 比의 음을 ◯에 써 보세요.

3 '한자 암기 카드'를 생각하면서 比를 순서에 따라 써 보세요.

둘을 나란히 앉혀 놓고 견주니, 견줄 비(比)

1 기차에 쓰인 뜻에 맞는 낱말을 오른쪽에서 찾아 줄로 이으세요.

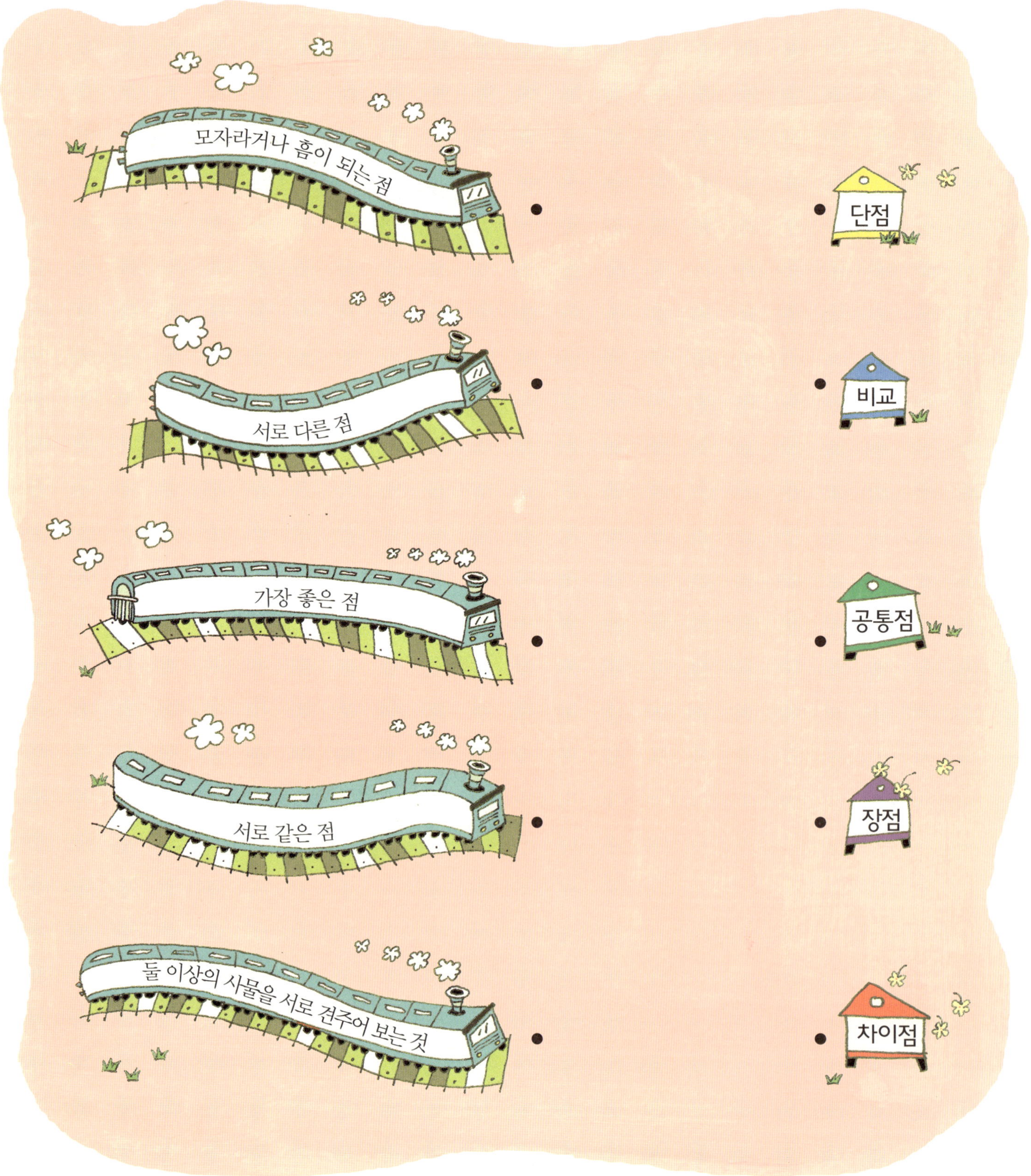

- 모자라거나 흠이 되는 점 • • 단점
- 서로 다른 점 • • 비교
- 가장 좋은 점 • • 공통점
- 서로 같은 점 • • 장점
- 둘 이상의 사물을 서로 견주어 보는 것 • • 차이점

2 거미에 쓰인 낱말의 알맞은 뜻을 나뭇잎에서 찾아 ○표 하세요.

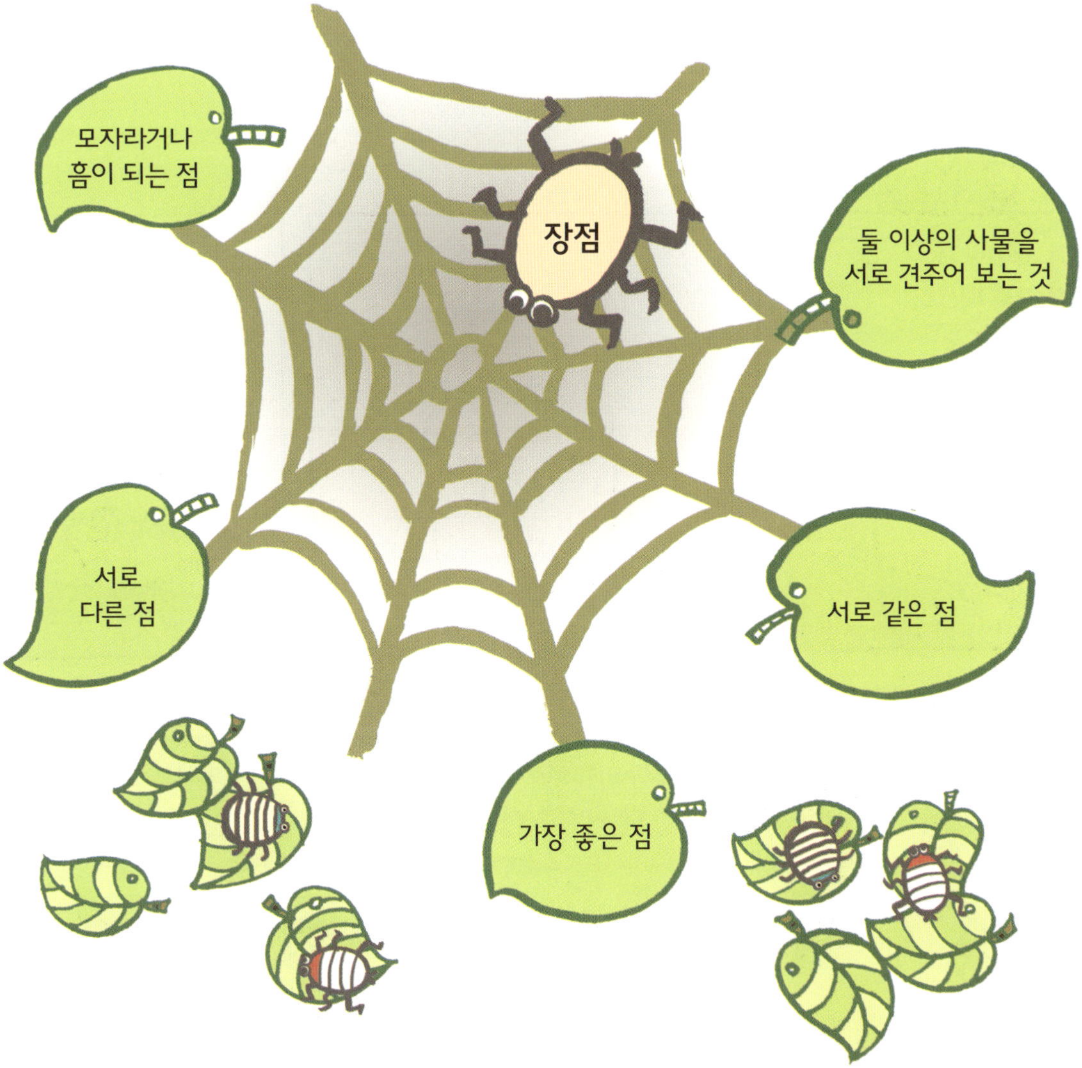

- 모자라거나 흠이 되는 점
- 둘 이상의 사물을 서로 견주어 보는 것
- 장점
- 서로 다른 점
- 서로 같은 점
- 가장 좋은 점

3 한자 카드가 찢어졌어요. 주어진 한자와 뜻음을 잘 보고 나머지 반을 찾아 ○표 하세요.

견줄 / 행 / 어 / 비

분류 · 분리 · 분담 · 부분 · 분명

○ 글 속의 주황색 낱말들은 무슨 뜻일까요? 잘 생각하면서 다음 글을 읽어 보세요.

"영민아, 경민아, 오늘 우리 집 대청소하는 날인 거 알지?
너희 둘이 쓰레기를 종류별로 분류해서 분리수거 함에 넣어 주렴."
그러고 보니 며칠 전 엄마와 오늘 대청소를 하기로 했던 약속이 기억났어요.
"네, 알았어요!"
형과 나는 쓰레기를 모아 놓은 곳으로 갔어요.
"경민아, 우리 할 일을 분담하자. 너는 병과 깡통을 따로 모아. 나는 종이를 모을게."
형의 말대로 난 병과 깡통을 따로 모았어요.
그런데 조금 있다 돌아보니 형이 내가 모은 병을 모두 꺼내고 있는 게 아니겠어요?
"형, 내가 힘들게 나눠 놓은 걸 왜 자꾸 건드려?"
난 화가 나서 형에게 소리쳤어요.
"바보, 병의 뚜껑 부분은 따로 분리하는 거 모르냐?
분명 병은 유리이고, 뚜껑은 쇠로 되어 있잖아."
그랬나? 그러고 보니 형의 말이 맞는 것 같았어요.
"쳇! 누가 몰라서 그런 줄 알아? 이거 한 다음에 하려고 한 거지."
난 잘 몰랐다는 생각에 멋쩍기도 하고, 형이 잘난 척하는 것 같아
괜히 얄밉기도 해서 퉁명스럽게 쏘아붙였어요.

 **맛보기** 문장의 ◯◯에 알맞은 낱말을 찾아 줄로 이으세요.

1. "새로 전학 온 친구의 이름을 ◯◯◯ 들었는데, 기억이 안 나요."
   ▶ 틀림없이 확실한 것이에요.

 부분

2. "난 장난감을 인형은 인형대로, 자동차는 자동차대로 ◯◯ 했어요."
   ▶ 사물을 공통되는 성질에 따라 나누는 것이에요.

분리

3. "새로 산 내 장난감 로봇은 팔과 다리가 ◯◯ 되어 변신해요."
   ▶ 따로 나누어 떼어 내는 것이에요.

 분류

4. "일이 많을 때에는 조금씩 나누어 ◯◯ 하면 쉽게 할 수 있어요."
   ▶ 일을 나누어 맡는 것이에요.

 분담

5. "가을이 되면 나뭇잎이 떨어져요. 나뭇잎은 나무의 한 ◯◯ 이에요."
   ▶ 전체를 몇으로 나누어 구별한 것이에요.

 분명

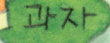

돋보기

인절미 할머니가 건강 주스를 만들고 있어요. 이야기를 읽으며 낱말을 익혀 보세요. 그리고 쏙쏙 문제도 풀어 보세요.

"꿀떡아, 최고의 건강 주스를 만들기 위해 우리의 할 일을 **분담**하자.
너는 코에서 꿀물을 **분리**하거라.
이 할머니는 머리 **부분**에서 콩가루를 떼어 내마".

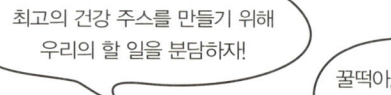

나눌 분 分 / 맡을 담 擔
분담
낱> 나누어 맡음.

일을 나누어 맡는 걸 '분담'이라고 해요. 힘든 일을 여럿이 분담하면 쉬워져요.

나눌 분 分 / 떼어 놓을 리 離
분리
낱> 나누어 떼어 놓음.

따로 나누어 떼어 내는 것을 '분리'라고 해요. 내가 가진 로봇은 팔과 다리가 분리되어요.

분류할 부 部 / 나눌 분 分
부분

전체를 몇으로 나누어 구별한 것을 '부분'이라고 해요. 눈, 코, 입, 귀, 머리는 모두 우리 몸의 한 부분이에요.

쏙쏙 문제

빈칸에 알맞은 낱말을 <보기>에서 골라 써 보세요. <보기> 분리, 분담, 부분

• 청소를 할 때, 일을 두 ❶_____으로 ❷_____할 수 있어요. '빗자루로 쓸기'와 '걸레로 닦기'로 나누는 거죠. 이렇게 일을 나누어 각자가 할 일을 ❸_____하면 청소가 쉬워져요.

제 3 일차

"이렇게 모은 콩가루와 꿀을 단지에 담아 3일 정도 놓아두면
인절미표 '콩가루 꿀 주스' 완성! 이건 주스 중에서도 최고급 건강 주스로 분류되지.
자, 마셔 보렴! 그럼 이게 얼마나 몸에 좋은지 분명하게 알 수 있을 게다."

나눌 분 分 무리 류 類

분류

뜻 무리로 나눔.

사물을 공통되는 성질에 따라 나누는 것을 '분류'라고 해요.
종이는 종이대로, 깡통은 깡통대로 분류해요.
물건의 품질을 분류할 때도 있어요.
품질을 분류한 것 중에 가장 좋은 것을 최고급이라고 해요.

나눌 분 分 밝을 명 明

분명

틀림없이 확실한 것을 '분명'이라고 해요.
책으로만 봐서는 잘 모를 때 직접 해 보면 분명해지죠.
체험 학습이 그래요. 우리가 직접 보고 들으니까
책으로만 볼 때보다 더 분명하게 알 수 있어요.

 쏙쏙 문제

빈칸에 알맞은 낱말을 〈보기〉에서 골라 써 보세요. 〈보기〉 분류, 분명

• 모아 놓은 부러진 크레파스들을 색깔대로 ❶ _____ 해 보세요.

  그러면 뒤죽박죽 섞여 있을 때보다 ❷ _____ 색깔을 찾기가 쉬워질 거예요.

한자에 대한 설명을 읽고, 한자를 익혀 보세요.

쭈쭈바를 똑같이 나누려면 어떻게 해야 할까요? 두 사람이 양쪽에서 잡고, 가운데를 칼로 자르면 똑같겠지요? 그래서 '나누다'라는 뜻의 한자 분(分)에는 양쪽에서 잡아당겨 나누는 모양인 나눌 팔(八)과, 똑같이 나누는 데 필요한 칼 도(刀)가 들어 있어요.

분(分)에 있는 글자 중에서 칼 도(刀)는 옛날 칼 모양을 본떠서 만들었어요.

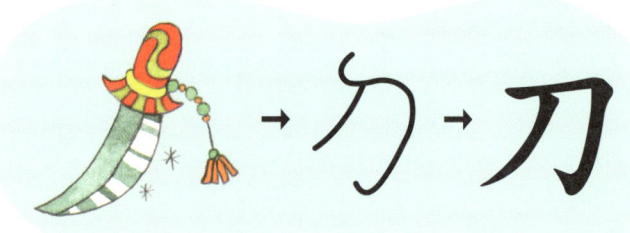

'한자 암기 카드'를 보면서 빈칸에 알맞은 말을 써 보세요.

① ◯◯◯◯【八】 ②◯【刀】로 자르니, 나눌 분(分).

分의 뜻은 ③◯◯◯ 이고, 음은 ④◯ 입니다.

1 分의 뜻을 찾아 ➡에서 ●까지 길을 따라가 보세요.

2 인절미 할머니가 分의 음을 틀리게 썼어요. 선 하나를 그어 바르게 고쳐 주세요.

3 '한자 암기 카드'를 생각하면서 分을 순서에 따라 써 보세요.

1 걸리버를 묶으려고 해요. 낱말의 알맞은 뜻을 찾아 바르게 이어 보세요.

- 분리
- 분류
- 분명
- 부분
- 분담

- 일을 나누어 맡는 것
- 따로 나누어 떼어 내는 것
- 전체를 몇으로 나누어 구별한 것
- 사물을 공통되는 성질에 따라 나누는 것
- 틀림없이 확실한 것

2 　 ▢ 에 쓰인 말이 맞으면 😊, 틀리면 😣로 길을 따라가 만나는 친구에게 ○표 하세요.

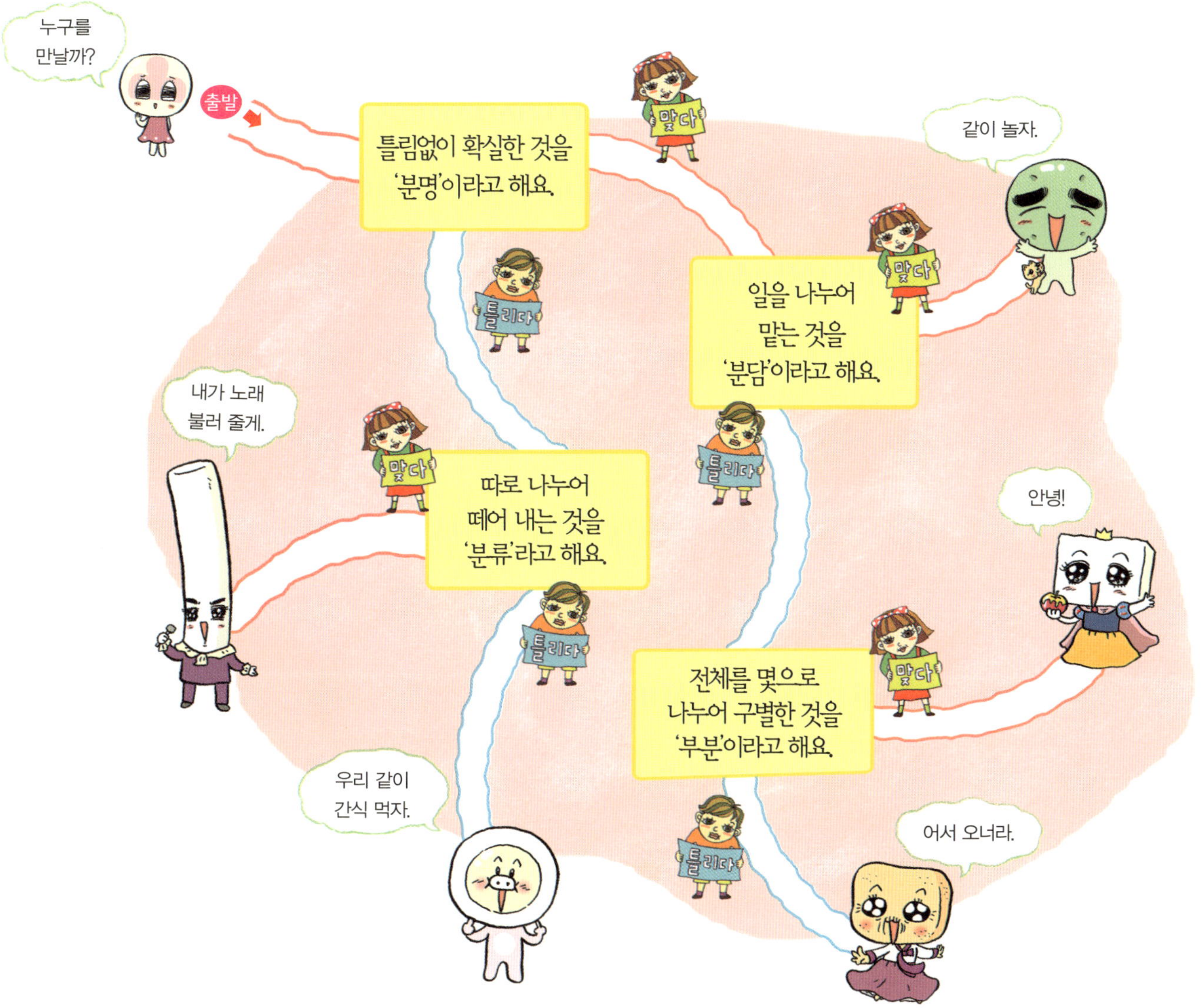

- 틀림없이 확실한 것을 '분명'이라고 해요.
- 일을 나누어 맡는 것을 '분담'이라고 해요.
- 따로 나누어 떼어 내는 것을 '분류'라고 해요.
- 전체를 몇으로 나누어 구별한 것을 '부분'이라고 해요.

누구를 만날까?
같이 놀자.
내가 노래 불러 줄게.
안녕!
우리 같이 간식 먹자.
어서 오너라.

3 　〈보기〉의 한자를 완성하려면 ❓에 어떤 한자 조각이 필요한지 찾아 ○표 하세요.

〈보기〉 나누려고 칼로 자르니, 나눌 분

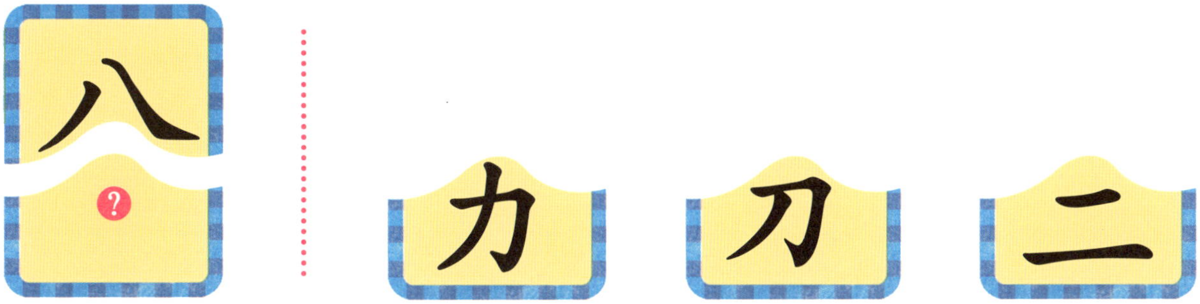

비슷해서 **들**리기 쉬운 말 **비**교해서 **들**리지 말자

7월 2일 수요일

학교에서 체육 시간에 줄다리기를 했다.

우리 쪽은 짝은(*'작은'이라고 써야 해.*) 애들이 많아서 힘이 딸린다(*'달린다'가 맞아.*).

그중에 내가 재일(*자주 틀리는 말이지. '제일'이라고 쓴단다.*) 작아서 앞에 섰다.

줄이 나뭇가지처럼 길게 벗으니까(*'벋으니까'라고 쓴단다.*)

끝의 애들이 안 보였다.

*이 글은 초등학교 1학년 어린이가 쓴 일기입니다.

어휘랑 놀자 2

나뭇가지는 '벋다=뻗다', 모자는 '벗다'

나뭇가지가 길게 '벗다'가 아니고 '벋다'라고 한단다.
'벋다'는 나뭇가지나 덩굴, 뿌리가 길게 자라나는 것을 말해.
'벗다'는 사람이 자기 몸에
입거나, 쓰거나, 신은 물건을 떼어 낼 때 쓴단다.

벋다=뻗다
- 길이나 강, 산맥 등의 긴 물체가 어떤 방향으로 길게 이어져 가다.
  예) 강이 길게 벋어(=뻗어) 나갔다.
- 끝이 바깥쪽을 향해 있다.
  예) 팔을 밖으로 벋어(=뻗어) 보아라.
- 뿌리가 길게 자라나다.
  예) 꽃의 뿌리가 아래로 벋었다(=뻗었다).

모자는 벗다.

나뭇가지는 벋다.

벗다
- 배낭이나 가방을 몸에서 내려놓다.
  예) 학교에서 오자마자 가방을 벗어 던지고 밖으로 나갔다.
- 동물이 껍질, 허물, 털을 갈다.
  예) 뱀이 허물을 벗었다.

평가 문제

1~4 주어진 문장의 밑줄 친 부분과 바꾸어 쓸 수 있는 말을 〈보기〉에서 골라 빈칸에 써 보세요.

〈보기〉 장점, 분명, 단점, 공통점

1. 현수와 민수는 <u>서로 같은 점</u>이 많아요.

   현수와 민수는 ◯◯◯ 이 많아요.

2. 음식을 골고루 먹지 않는 게 나의 <u>흠</u>이에요.

   음식을 골고루 먹지 않는 게 나의 ◯◯ 이에요.

3. 나의 <u>가장 좋은 점</u>은 노래를 잘한다는 것이에요.

   나의 ◯◯ 은 노래를 잘한다는 것이에요.

4. 1+1=5가 틀렸다는 것은 <u>틀림없이 확실</u>해요.

   1+1=5가 틀렸다는 것은 ◯◯ 해요.

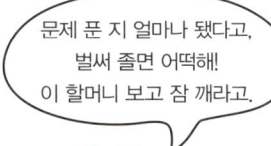

문제 푼 지 얼마나 됐다고, 벌써 졸면 어떡해! 이 할머니 보고 잠 깨라고.

5. 뜻에 알맞은 낱말을 찾아 이은 후, 낱말에 들어가는 한자를 찾아 이어 보세요.

| 일을 나누어 맡는 것 | • | • 비교 • | • 分 |

| 둘 이상의 사물을 서로 견주어 보는 것 | • | • 분담 • | • 比 |

6~8 다음 글을 읽고 물음에 답하세요.

> 동생과 나는 ㉠공통점이 있다.
> 둘 다 잠이 무척 많고, 무엇이든 잘 먹는다는 것이다.
> 하지만 우리는 _____㉡_____ 도 있다.
> 동생은 고기를 좋아하는데, 나는 고기를 싫어한다.
> 고기를 먹을 때 나는 비계 부분을 떼어 내다가 엄마께 혼날 때가 많다.

6. ㉠의 올바른 뜻을 찾아 ○표 하세요.

❶ 가장 좋은 점   ❷ 서로 같은 점
❸ 서로 다른 점   ❹ 흠이 되거나 모자라는 점

7. ㉡에 들어갈 낱말로, 〈보기〉의 뜻을 가진 낱말을 써 보세요.

〈보기〉 서로 다른 점

8. 〈보기〉의 뜻을 가진 두 글자로 된 낱말을 위 글에서 찾아 써 보세요.

〈보기〉 전체를 몇으로 나누어 구별한 것

○ ○

9~10 빈칸에 알맞은 낱말을 〈보기〉에서 골라 써 보세요.

〈보기〉 분류, 분리

9. 유리병에서 쇠로 된 병뚜껑을 ○ ○ 하세요.

10. 종이는 종이대로, 깡통은 깡통대로  해 보세요.

콕콕 정답

제 1 일차
05쪽 ❶ 장점 ❷ 비교 ❸ 차이점 ❹ 공통점 ❺ 단점
06쪽 ❶ 공통점 ❷ 비교
07쪽 ❶ 장점 ❷ 단점 ❸ 차이점

제 2 일차
08쪽 ❶ 견주다 ❷ 비
09쪽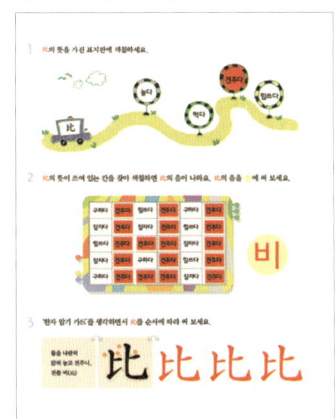
10쪽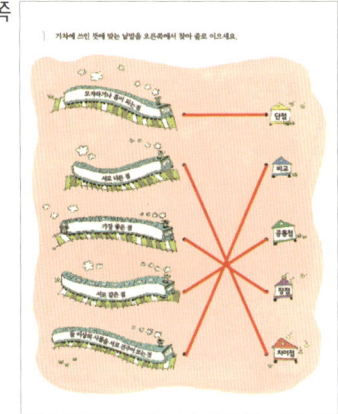
11쪽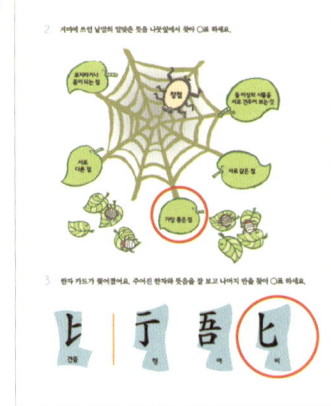

제 3 일차
15쪽
16쪽 ❶ 부분 ❷ 분리 ❸ 분담
17쪽 ❶ 분류 ❷ 분명

제 4 일차
18쪽 ❶ 나누려고 ❷ 칼 ❸ 나누다 ❹ 분
19쪽
20쪽
21쪽

제 5 일차
24~25쪽 1. 공통점 2. 단점 3. 장점 4. 분명 5. 일을 나누어 맡는 것 – 분담 – 分,
둘 이상의 사물을 서로 견주어 보는 것 – 비교 – 比 6. ❷ 7. 차이점 8. 부분 9. 분리 10. 분류

★가 표시된 열린 미로 문제는 아이들의 생각에 따라 답을 찾아가는 길이 표시된 것과 다를 수 있습니다.

동사들의 쓰임

움직임을 나타내는 낱말을 동사라고 부르지.
여기서는 몸과 관련된 동사와,
음식과 관련된 동사를 나누어 살펴볼 거야.
생활에서 쓰는 낱말을 생각해 보면 쉽게 이해할 수 있겠지?

● 몸과 관련된 동사

낱말	뜻	예
씻다	더러운 것을 닦아내는 것을 말해요.	물감이 묻어서 손을 씻다.
입다	옷이나 천을 몸에 두르는 것을 말해요.	새로 산 옷을 입다.
신다	신발이나 양말을 발에 끼우는 것을 말해요.	발에 양말을 신다.
걸다	어떤 물체가 떨어지지 않도록 매달아 놓는 것을 말해요.	목에 메달을 걸다.
차다	시계나 팔찌를 팔목에 달아매거나 끼워서 지니는 것을 말해요.	손목에 시계를 차다.
빗다	빗으로 머리카락을 단정하게 하는 행동을 말해요.	빗으로 머리카락을 빗다.
바르다	화장품이나 약을 피부에 문지르는 것을 말해요.	얼굴에 화장품을 바르다.
꽂다	물건이 빠지지 않게 박거나 끼우는 것을 말해요.	머리핀을 꽂다.
긁다	손톱으로 피부를 문지르는 것을 말해요.	모기에 물려서 팔을 긁다.
비비다	맞대어서 문지르는 행동을 말해요.	추워서 손을 비비다.

● 음식과 관련된 동사

낱말	뜻	예
끓다	물이 뜨거워져서 수증기와 거품이 나는 것을 말해요.	주전자의 물이 끓다.
자르다	조각을 내거나 끊어 내는 것을 말해요.	김을 가위로 자르다.
썰다	칼이나 톱으로 잘라 내거나 토막 내는 것을 말해요.	국에 넣으려고 파를 썰다.
먹다	음식물을 입에 넣고 씹어서 삼키는 것을 말해요.	점심시간이 되어서 밥을 먹다.
마시다	물이나 음료수를 목구멍으로 넘기는 것을 말해요.	목이 말라서 음료수를 마시다.
무치다	나물에 갖은 양념을 하고 골고루 섞는 것을 말해요.	시금치를 무치다.
삶다	달걀이나 감자 등을 물에 넣고 끓여서 익히는 것을 말해요.	냄비에 달걀을 삶다.
찌다	뜨거운 김으로 음식을 익히는 것을 말해요.	추석에 송편을 찌다.
깎다	칼로 과일이나 채소의 껍질을 벗겨 내는 것을 말해요.	칼로 사과를 깎다.
볶다	재료에 열을 가해서 자주 저으면서 익히는 것을 말해요.	돼지고기를 볶다.

마법의 상위권 어휘 스스로 평가표

01
다음 중 뜻을 자신 있게 말할 수 있는 낱말은 ○표, 알쏭달쏭한 낱말은 △표, 자신 없는 낱말은 ×표 하세요.

비교(　) 　 장점(　) 　 단점(　) 　 차이점(　) 　 공통점(　)
분류(　) 　 분리(　) 　 분담(　) 　 부분(　) 　 분명(　)

02
다음 중 뜻과 음을 자신 있게 말할 수 있는 한자는 ○표, 알쏭달쏭한 한자는 △표, 자신 없는 한자는 ×표 하세요.

比(　) 　 分(　)

03
〈평가 문제〉를 모두 풀고 정답을 확인해 보세요. 10문항 중 내가 맞힌 문항 수는 몇 개인가요?

❶ 9-10문항(　) 　 ❷ 7-8문항(　) 　 ❸ 5-6문항(　) 　 ❹ 3-4문항(　) 　 ❺ 1-2문항(　)

| 부모님과 선생님께 |
위에서 어린이가 스스로 적은 내용을 보고, 어린이가 어려워하는 부분을 함께 보면서 어휘의 뜻과 쓰임을
이해할 수 있도록 해 주세요.

초등 **1-2** 단계

어휘를 알아야 만점을 잡는다!

스토리텔링식 신교과서 학습을 위한

마법의 상위권 어휘

제 **2** 호

어휘가 쑥쑥 자라요.

부모님과 선생님께서는 이렇게 지도해 주세요

제 **1** 일차	제 **2** 일차	제 **3** 일차	제 **4** 일차	제 **5** 일차
노래자랑 이야기를 읽고, '내국인, 외국인, 국내, 국외, 실외, 실내'를 익힙니다. 맛보기를 풀어 보고, 돋보기에서 어휘의 뜻과 설명을 공부하도록 지도해 주세요.	'外'를 배우고, '外'와 '내국인, 외국인, 국내, 국외, 실외, 실내'에 관련된 문제를 풀어 보며 어휘 학습을 하도록 지도해 주세요.	캠핑을 가게 된 이야기를 읽고, '동갑, 동창, 협동, 동의, 동행'을 익힙니다. 맛보기를 풀어 보고, 돋보기에서 어휘의 뜻과 설명을 공부하도록 지도해 주세요.	'同'을 배우고, '同'과 '동갑, 동창, 협동, 동의, 동행'에 관련된 문제를 풀어 보며 어휘 학습을 하도록 지도해 주세요.	교재에서 배운 모든 어휘와 한자에 대한 평가 문제를 풀어 보며 어휘 실력을 다지고, 자신의 실력도 평가해 봅니다.

이런 내용을 배워요!

노래자랑이 열렸어요.
우스꽝스러운 가발과 옷을 입은 삼촌을
응원하러 함께 가 봐요.

어휘랑 놀자 1
아름답고 **궁**금한 우리말 **이**야기
우물에 가서 숭늉 찾는다

제 **1** 일차

교과서 학습 어휘 01
맛보기
돋보기

실내
실외
국내
국외
내국인
외국인

제 **2** 일차

한자가 술술
한자 쏙쏙
도전! 어휘왕

外

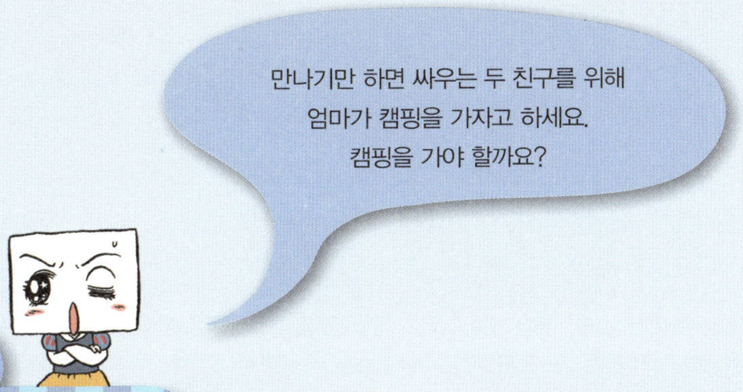

만나기만 하면 싸우는 두 친구를 위해
엄마가 캠핑을 가자고 하세요.
캠핑을 가야 할까요?

제 **3** 일차

교과서 학습 어휘 02
맛보기
돋보기

동갑
동창
동의
협동
동행

제 **5** 일차

평가 문제

同

제 **4** 일차

한자가 술술
한자 쏙쏙
도전! 어휘왕

어휘랑 놀자 2
비슷해서 틀리기 쉬운 말 비교해서 틀리지 말자
'붙다'와 '붓다'

교과서 학습 어휘 01

바른생활 | 슬기로운 생활 | 즐거운 생활 | 국어 | 수학

돋보기: 내국인 · 외국인 · 국내 · 국외 · 실외 · 실내

● 글 속의 주황색 낱말들은 무슨 뜻일까요? 잘 생각하면서 다음 글을 읽어 보세요.

토요일에 '**내국인** 대 **외국인** 노래자랑'이 열린대요.
우리 가족은 이번 대회에 참가하는 삼촌을 응원하러 가기로 했어요.
노래자랑을 축하하기 위해 **국내** 가수뿐만 아니라
국외에서 활동하는 가수들도 참가한다고 하니 더욱 기대가 되었죠.
공연 장소에 도착하자 **실외**에서는 무대 준비가 한창이었어요.
그런데 갑자기 하늘이 어두워지더니 소나기가 쏟아지기 시작했어요.
바깥에 있던 사람들은 모두 **실내**로 들어가 비를 피했죠.
비는 곧 그쳤고, 드디어 노래자랑이
시작되었어요. 참가 번호 1번은
우리 삼촌인 이한곡 씨.
우스꽝스러운 가발에 요란한 옷을 입은 삼촌은
방정맞게 노래를 부르며 춤을 추었어요.
노래를 반쯤 부르자 '땡' 소리가 울렸고,
노래자랑은 웃음바다가 되었죠.
참가 번호 2번은 미국 사람인 멜로디 양.
멜로디 양은 잔잔한 노래를 꽤 잘 불렀어요.
'딩동댕~' 소리가 울리며
노래자랑 분위기도 점점 무르익어 갔어요.

맛보기 그림을 잘 보고, 두 개의 낱말 가운데 알맞은 하나를 골라 ○ 하세요.

1
"**실내** 실외 에서는 떠들지 말고, 조용히 하세요."
▶ 방이나 건물의 안을 말해요.

2
"오늘 체육은 실내 **실외** 에서 할 거예요. 옷을 갈아입고 모두 나가세요."
▶ 방이나 건물의 밖을 말해요.

3
"**국내** 국외 지도를 보면 우리나라에 있는 곳을 쉽게 찾을 수 있어요."
▶ 한 나라의 영토 안을 말해요.

4
"물건을 만들면 우리나라에서도 팔지만 국내 **국외** 로 수출도 해요."
▶ 한 나라의 영토 밖을 말해요.

5
"경복궁에 가면 다른 나라에서 온 내국인 **외국인** 을 곧잘 만날 수 있어요."
▶ 다른 나라 사람을 말해요.

6
"우리나라 사람만 이용하는 곳에는 ' **내국인** 외국인 '이라고 써 놓아요."
▶ 자기 나라의 국적을 가진 사람을 말해요.

그림을 잘 보고 〈보기〉에서 알맞은 낱말을 골라 ☐ 안에 써 보세요.

제1일차

집 실室 안 내內
실내
낱▶ 집 안.

방이나 건물의 안을 '실내'라고 해요. 건물의 안에 수영장을 만들면 실내 수영장이 되지요. 학교에서는 실내에서 실내화를 신어요.

집 실室 밖 외外
실외
낱▶ 집 밖.

방이나 건물의 밖을 '실외'라고 해요. 야구나 축구, 테니스 같은 운동 경기는 실외에서 해요.

나라 국國 안 내內
국내
낱▶ 나라 안.

한 나라의 영토 안을 '국내'라고 해요. 우리나라 곳곳을 여행하는 건 국내 여행, 우리나라에서만 활동하는 가수는 국내 가수라고 해요.

나라 국國 밖 외外
국외
낱▶ 나라 밖.

한 나라의 영토 밖을 '국외'라고 해요. 국외로 나갈 때에는 배나 비행기를 이용해요. 우리나라에 몰래 들어온 사람이 경찰에게 잡히면 다시 국외로 쫓겨나기도 해요.

안 내內 나라 국國 사람 인人
내국인
낱▶ 나라 안의 사람.

자기 나라의 국적을 가진 사람을 '내국인'이라고 해요. 내국인들은 우리나라가 발전하는 일에 관심이 많아요.

밖 외外 나라 국國 사람 인人
외국인
낱▶ 나라 밖의 사람.

다른 나라 사람을 '외국인'이라고 해요. 미국 사람들은 우리랑 생김새가 많이 다른 외국인이에요. 우리랑 생김새가 비슷한 외국인도 있어요. 바로 일본 사람이나 중국 사람들이에요.

한자에 대한 설명을 읽고, 한자를 익혀 보세요.

옛날 사람들은 아침에 그날의 운수를 점쳤답니다. 그날의 운수대로 하루 종일 몸가짐을 조심하기 위한 것이지요.
그런데 저녁【夕】에 점【卜】을 치는 건 예상 밖이라는 데에서 '밖'이라는 뜻이 생겼어요.

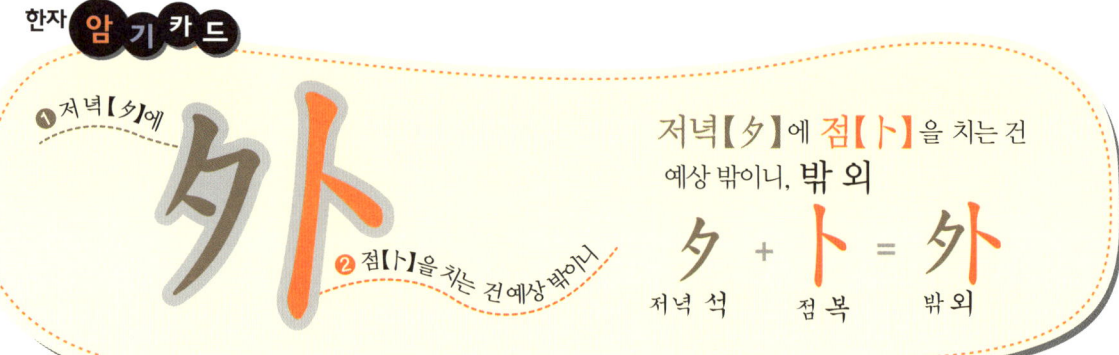

외(外)가 '밖'이란 뜻을 가지게 되면서 밖으로 드러내는 뜻을 갖는 말들에 외(外)가 들어갔어요. '외출(外出)'과 '외모(外貌)'가 그런 경우지요.

밖 외 外   나갈 출 出
외출
뜻▶ 밖으로 나감.

밖 외 外   모양 모 貌
외모
뜻▶ 밖으로 드러난 모양.

'한자 암기 카드'를 보면서 빈칸에 알맞은 말을 써 보세요.

① ○ 【夕】에 ② ○ 【卜】을 치는 건 예상 밖이니, 밖 외(外).
外의 뜻은 ③ ○ 이고, 음은 ④ ○ 입니다.

1 外의 뜻을 찾아 ○표 하세요.

2 外의 음을 찾아 ➡에서 ●까지 길을 따라가 보세요.

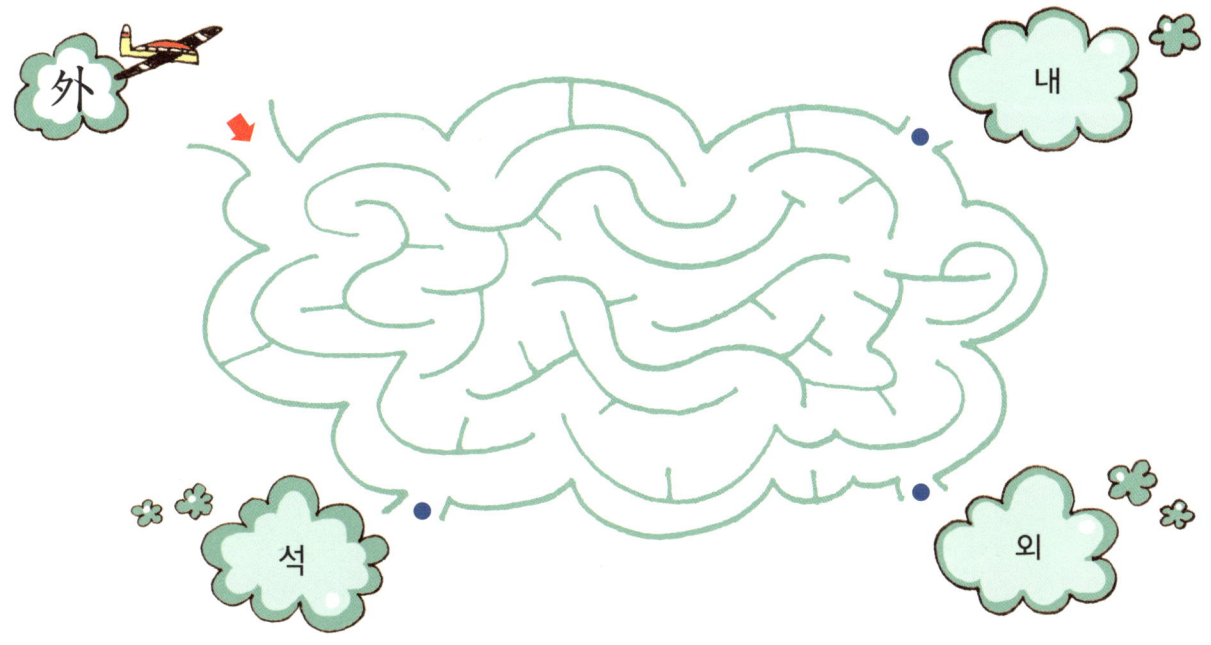

3 '한자 암기 카드'를 생각하면서 外를 순서에 따라 써 보세요.

저녁【夕】에
점【卜】을 치는 건
예상 밖이니,
밖 외(外)

1 꽃병에 쓰인 뜻에 맞는 낱말을 꽃에서 찾아 색칠하세요.

2 <보기>에 맞는 한자를 음식에서 찾아 ○표 하세요.

3. 생쥐들이 운동화 끈을 꿰려고 해요. 낱말의 뜻과 낱말을 바르게 이어 보세요.

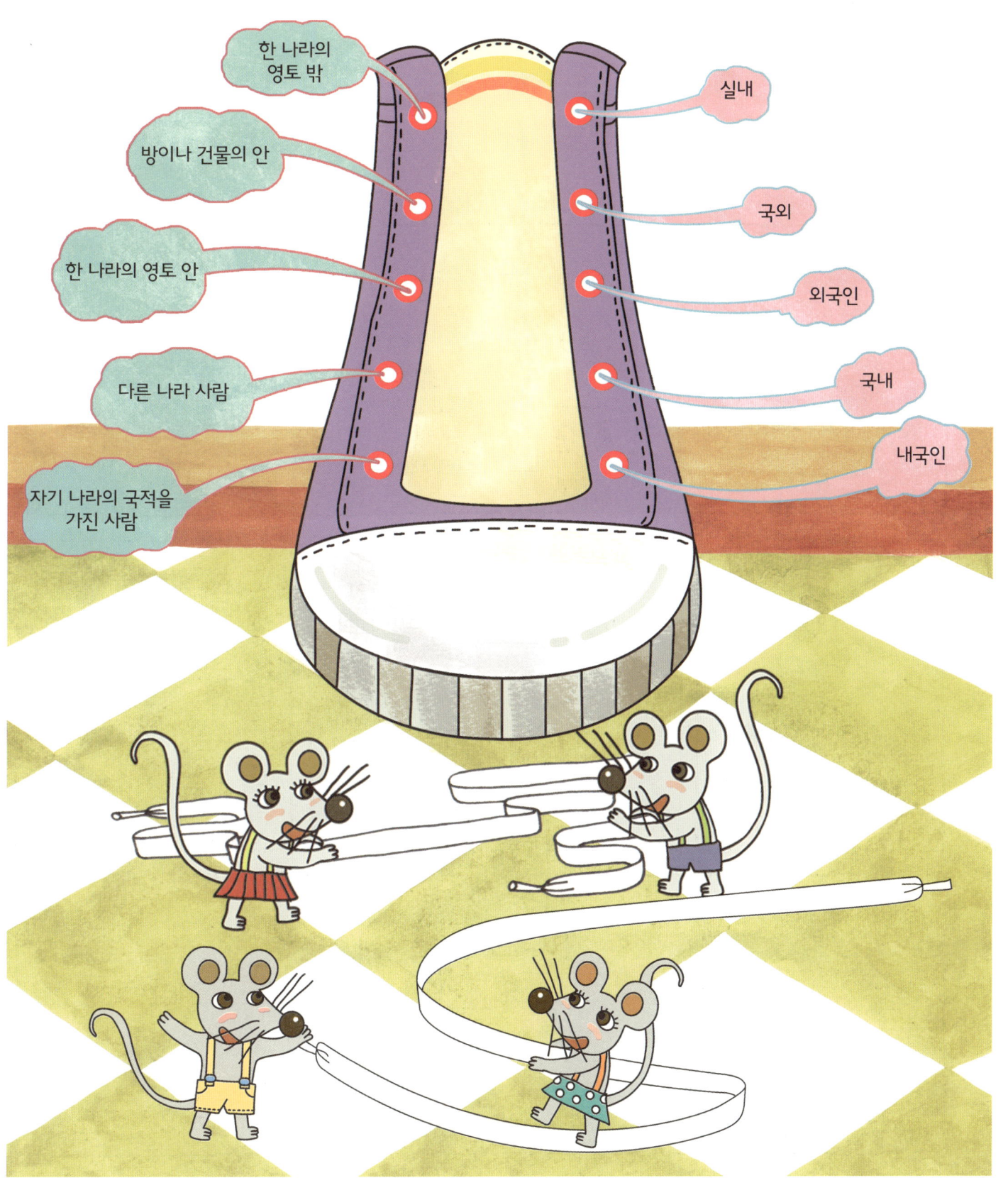

어휘랑 놀자 **1**

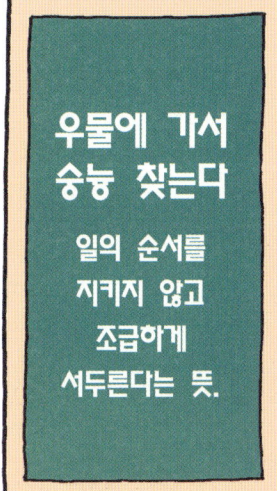

교과서 학습 어휘 02

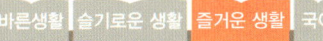
돋보기 동갑·동창·협동·동의·동행

◐ 글 속의 주황색 낱말들은 무슨 뜻일까요? 잘 생각하면서 다음 글을 읽어 보세요.

앞집에 사는 민호와 나는 어렸을 적부터 친구예요.
나이도 **동갑**인 데다가, 같은 유치원을 졸업한 **동창**이기도 하죠.
하지만 우린 만나기만 하면 싸우는 게 일이에요.
오랜 친구 사이인 민호 엄마와 우리 엄마는 이런 우리를 걱정하세요.
그래서 이번 주에 함께 캠핑을 가기로 결정하셨대요.
협동하여 텐트도 만들고, 식사 준비도 하다 보면 사이가 좋아질 거라나요?
하지만 난 절대로 엄마들의 의견에 **동의**할 수 없었어요.
싫다고 떼를 쓰고 버텨 봤지만, 엄마는 거들떠보지도 않으셨죠.
민호와 나는 어쩔 수 없이 캠핑에 **동행**해야 할 것 같아요.
아! 정말 이대로 캠핑을 가야 할까요?

 **맛보기** 다음 문장의 ☐에 알맞은 낱말을 찾아 줄로 이으세요.

1

"나는 짝꿍을 정할 때 남자와 여자가 같이 앉는 것에 ☐ 해요."
▶ 다른 사람과 뜻을 같이하는 것을 말해요.

• • 동행

2

"우리는 같은 유치원을 졸업한 ☐ 이에요."
▶ 같은 학교나 유치원에서 함께 공부하고 졸업한 친구 사이를 말해요.

• • 협동

3

"내 동생들은 쌍둥이예요. 둘은 ☐ 이지요."
▶ 같은 나이의 사람을 말해요.

• • 동갑

4

"이번 체험 학습에는 엄마가 ☐ 했어요."
▶ 같이 길을 가는 것을 말해요.

• • 동의

5

"무거운 물건을 나를 때 서로 ☐ 하면 훨씬 쉬워져요."
▶ 여러 사람이 마음과 힘을 모아 서로 돕는 것을 말해요.

• • 동창

돋보기

떡 마을 삼총사가 소풍을 갔어요. 다음 이야기를 읽으며, 낱말을 익혀 보세요. 그리고 쏙쏙 문제도 풀어 보세요.

> "떡 마을 삼총사인 꿀떡이, 백설기, 나 쑥개떡.
> 우리 셋은 **동갑**이다.
> 또 같은 유치원을 졸업한 **동창**이기도 하다.
> 화창한 오후, 우리들은 오랜만에 소풍을 같이 가자는 데 **동의**했다."

> 우리는 떡 마을 삼총사.
> 우리 셋은 동갑이지.
> 또 같은 유치원을 졸업한 동창들.

낱▶ 같은 나이.

같은 나이의 사람을 '동갑'이라고 해요. 나이가 같으려면 같은 해에 태어나야 하죠. 내 친구들은 대부분 나와 같은 해에 태어난 동갑이에요.

같은 학교나 유치원에서 함께 공부하고 졸업한 친구 사이를 '동창'이라고 해요. 유치원에서 함께 공부하면 유치원 동창이 되고, 초등학교에서 함께 공부하면 초등학교 동창이 되지요.

낱▶ 같은 뜻.

다른 사람과 뜻을 같이하는 것을 '동의'라고 해요. 각자의 의견을 이야기할 때 나와 같은 생각을 가진 사람의 말에 찬성하는 것이 동의예요.

쏙쏙 문제

빈칸에 알맞은 낱말을 〈보기〉에서 골라 써 보세요.　　〈보기〉 동갑, 동의, 동창

- 나와 내 친구 서현이는 같은 유치원을 졸업한 ❶_____ 이에요.

　우리는 나이도 ❷_____ 인 데다가 언제나 뜻이 잘 맞아 서로의 의견에 ❸_____ 할 때가 많아요.

제 3 일차

"꿀떡이와 나는 **협동**하여 김밥을 쌌고, 백설기는 혼자서 간식을 준비했다.
소풍을 간 곳은 우리 동네 뒷산.
셋이 **동행**한 소풍은 신이 났고, 우린 그곳에서 모처럼 즐거운 하루를 보냈다."

 화할 협 協  한가지 동 同

협동

여러 사람이 마음과 힘을 모아 서로 돕는 것을 '협동'이라고 해요.
운동회 날 줄다리기를 할 때면 우린 같은 편끼리 협동해요.
협동하면 혼자 할 때보다 훨씬 큰 힘을 낼 수 있어요.

 같이할 동 同   갈 행 行

동행

낱 같이 감.

같이 길을 가는 것을 '동행'이라고 해요.
위험한 곳에는 어린이 혼자 가는 것보다 어른과 동행하는
것이 좋아요. 놀러 갈 때에도 동행하는 사람이 많으면 더 신이 나요.

빈칸에 알맞은 낱말을 〈보기〉에서 골라 써 보세요.   〈보기〉 협동, 동행

- 동네에서 체육 대회가 열렸어요. 우리 집 강아지 뽀미도 우리와 ❶ _____ 했어요.

  축구 시합에서는 ❷ _____ 을 잘한 우리 편이 이겨서 신이 났어요.

한자에 대한 설명을 읽고, 한자를 익혀 보세요.

同 7급
뜻: 같을 | 음: 동
총 6획 | 부수 口, 3획

네 사람이 가마를 들고 가는 모습을 보세요. 자동차가 없던 시절에 신분이 높은 사람들은 가마를 타고 다녔어요. 가마는 네 사람이 가마의 네 귀퉁이에 서서 한목소리에 따라 동시에 들어 올려야 해요.

한자 암기 카드

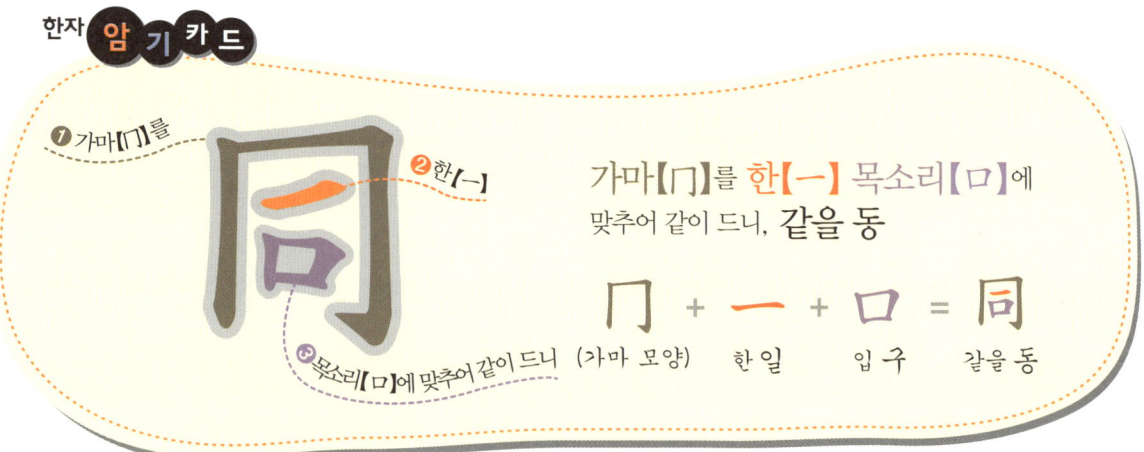

❶ 가마【冂】를
❷ 한【一】
❸ 목소리【口】에 맞추어 같이 드니

가마【冂】를 한【一】목소리【口】에 맞추어 같이 드니, **같을 동**

冂 + 一 + 口 = 同
(가마 모양) 한 일 / 입 구 / 같을 동

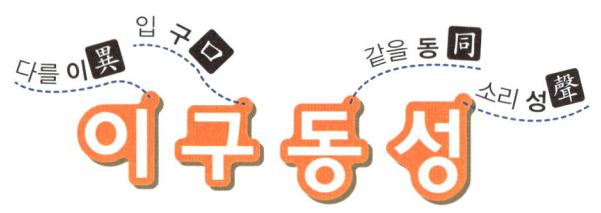

다를 이 異 / 입 구 口 / 같을 동 同 / 소리 성 聲

이구동성

아! 정말 골치 아프구먼. 저렇게 이구동성 외쳐 대니 귀찮다고 안 해 줄 수도 없고.

할머니 음식 맛은 정말 최고예요!

'이구동성'은 입은 다르나 목소리는 같다는 뜻이에요. 여러 사람의 말이 한결같을 때 쓰는 말이죠.

'한자 암기 카드'를 보면서 빈칸에 알맞은 말을 써 보세요.

❶ ◯◯【冂】를 ❷ ◯【一】 ❸ ◯◯◯【口】에 맞추어 같이 드니, 같을 동(同). 同의 뜻은 ❹ ◯◯ 다 이고, 음은 ❺ ◯ 입니다.

1 同의 뜻을 찾아 ➡에서 ●까지 길을 따라가 보세요.

2 인절미 할머니가 同의 음을 틀리게 썼어요. 선 하나를 그어 바르게 고쳐 주세요.

3 '한자 암기 카드'를 생각하면서 同을 순서에 따라 써 보세요.

가마【冂】를
한【一】 목소리【口】에
맞추어 같이 드니,
같을 동(同)

1  에 쓰인 뜻에 맞는 사탕을 찾아 색칠하세요.

2 〈보기〉의 한자를 완성하려면 ❓에 어떤 한자 조각이 필요한지 찾아 ○표 하세요.

〈보기〉 가마를 한목소리에 맞추어 같이 드니, 같을 동

3 꽃에 쓰인 낱말의 뜻을 찾아 ➡에서 ● 까지 길을 따라가세요.

 협동
 동갑
 동의

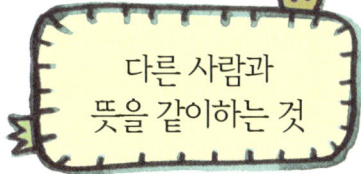
다른 사람과 뜻을 같이하는 것

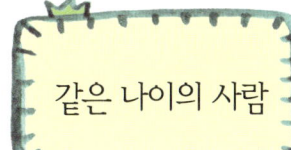
같은 나이의 사람

여러 사람이 마음과 힘을 모아 서로 돕는 것

제4일차

비슷해서 틀리기 쉬운 말 비교해서 틀리지 말자

9월 15일 월요일

며칠 전에 지훈이랑 학교에 간는데, *'갔는데'라고 써야 한단다.*

전깃줄에 참새들이 안자이 있었다. *'앉아 있었다'가 옳단다.*

꼬리가 작아서 너무 기여웠다. *'꽁지가'라고 쓴단다.* *'귀여웠다'가 맞단다.*

참새는 참 작고 예쁜 새이다.

새들이 다다닥 붓어 안자 있었다. *'붙어 앉아'라고 써야 해.*

*이 글은 초등학교 1학년 어린이가 쓴 일기입니다.

시험에 '붙다', 물은 '붓다'

맞닿아 이어져 있을 때는 '붓다'가 아니고 '붙다'라고 써야 해. '붙다'는 시험에 합격했을 때 많이 쓴단다. '붓다'는 병에 물을 담을 때나 은행에 적금을 넣을 때 쓰는 거야.

붙다
- 시험에 합격하다.
  예) 대학에 붙었다.
- 어떤 것이 더해지거나 생겨나다.
  예) 몸에 살이 붙었다.

시험에 붙다.

물은 붓다.

붓다
- 액체나 가루를 다른 곳에 옮겨 담다.
  예) 물을 컵에 붓다.
- 적금이나 예금 등에 일정한 기간마다 돈을 내다.
  예) 적금을 열심히 붓다.

평가 문제

1~3 그림을 보고 빈칸에 알맞은 말을 〈보기〉에서 찾아 써 보세요.

〈보기〉 외국인, 국내, 국외

1.
• 우리나라는 물건을 잘 만들어 ◯◯ 로 수출하고 있어요.

2.
• 훈이는 길을 가다 만난 ◯◯◯ 에게 길을 안내해 주었어요.

3.
• 지방에 있는 관광지를 ◯◯ 지도에서 찾고 있어요.

4. 뜻에 알맞은 낱말을 찾아 이은 후, 낱말에 들어가는 한자를 찾아 이어 보세요.

같은 나이의 사람 •　　• 실외 •　　• 同

방이나 건물의 밖 •　　• 동갑 •　　• 外

몇 문제 맞았을까? 궁금하네. 다 풀고 맞춰 봐야지.

5~7 다음 글을 읽고 물음에 답하세요.

> 주말에 삼촌께서 ㉠<u>외국인</u> 친구와 함께 우리 집에 놀러 오셨습니다.
> "안녕! 나는 네 삼촌의 대학 ㉡<u>동창</u>이야. 이름은 샘이란다."
> "와, 한국말을 정말 잘하시네요!"
> "응, 네 삼촌과 늘 이곳저곳을 ___㉢___ 하면서 공부한 덕분에 한국말을 많이 배웠단다."

5. ㉠과 반대되는 뜻의 낱말을 찾아 ○표 하세요.

　❶ 미국인　　❷ 한국인　　❸ 내국인　　❹ 중국인

6. ㉡의 뜻을 골라 ○표 하세요.

　❶ 같은 나이의 사람
　❷ 같이 길을 가는 것
　❸ 다른 사람과 뜻을 같이하는 것
　❹ 같은 학교나 유치원에서 함께 공부하고 졸업한 친구 사이

7. ㉢에 들어갈 말로 〈보기〉의 뜻을 가진 낱말을 골라 ○표 하세요.

　〈보기〉 같이 길을 가는 것

　❶ 동창　　❷ 동갑　　❸ 동의　　❹ 동행

8~10 다음 문장에 들어갈 알맞은 낱말을 〈보기〉에서 찾아 써 보세요.

　〈보기〉 동의, 협동, 실내

8. ◯◯ 에 계신 여러분, 모두 운동장으로 모여 주세요.

9. 우리 반 친구들 모두가 ◯◯ 하여 청소를 끝마쳤어요.

10. 우리 가족은 모두 엄마의 의견에 ◯◯ 했어요.

제1일차	05쪽	❶ 실내 ❷ 실외 ❸ 국내 ❹ 국외 ❺ 외국인 ❻ 내국인
	06쪽	❶ 국내 ❷ 국외 ❸ 실내 ❹ 실외 ❺ 외국인 ❻ 내국인

제2일차
08쪽 ❶ 저녁 ❷ 점 ❸ 밖 ❹ 외
09쪽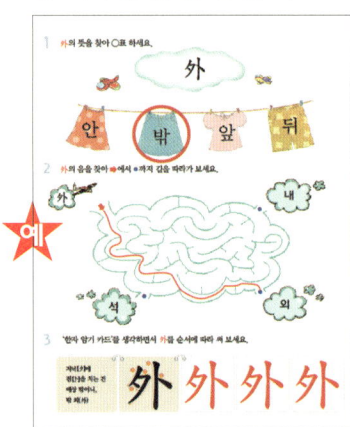
10쪽
11쪽

제3일차
15쪽
16쪽 ❶ 동창 ❷ 동갑 ❸ 동의
17쪽 ❶ 동행 ❷ 협동

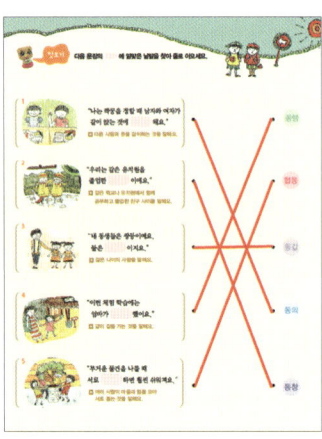

제4일차
18쪽 ❶ 가마 ❷ 한 ❸ 목소리 ❹ 같다 ❺ 동
19쪽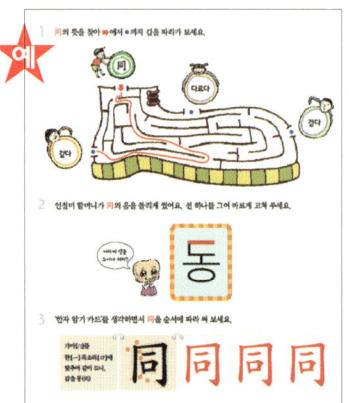
20쪽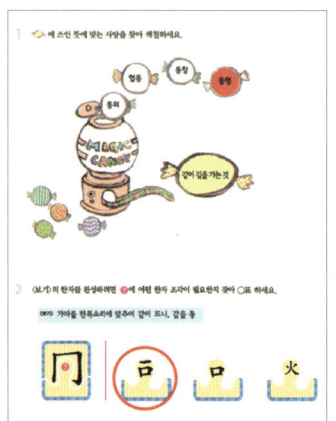
21쪽

제5일차
24~25쪽 1. 국외 2. 외국인 3. 국내 4. 같은 나이의 사람 – 동갑 – 同, 방이나 건물의 밖 – 실외 – 外 5. ❸ 6. ❹ 7. ❹
8. 실내 9. 협동 10. 동의

★예가 표시된 열린 미로 문제는 아이들의 생각에 따라 답을 찾아가는 길이 표시된 것과 다를 수 있습니다.

국경일, 기념일, 공휴일

달력에 표시된 날들 중에는 나라의 경사를 축하하는 날도 있고,
기념하는 날도 있어. 또 쉬는 날도 있지.
이런 날들을 국경일, 기념일, 공휴일이라고 해.
이런 날들은 어떤 날인지 자세히 알아볼까?

- **국경일(國慶日)**
  나라의 경사를 축하하기 위해, 법으로 정해서 온 국민이 기념하는 날을 말해요. 나라가 세워진 때라든지, 일본으로부터 독립한 날 등을 기념하는 것이에요.

    삼일절(三一節 3월 1일) 3·1 독립 운동을 기념하기 위해 만든 국경일이에요.
    제헌절(制憲節 7월 17일) 우리나라의 헌법을 만들어서 공포한 것을 기념하기 위한 국경일이에요.
    광복절(光復節 8월 15일) 우리나라가 일본으로부터 나라를 되찾은 날이에요.
    개천절(開天節 10월 3일) 우리나라가 처음 세워진 것을 기념하기 위한 국경일이에요.
    한글날(10월 9일) 세종 대왕이 훈민정음을 만들어서 반포한 것을 기념하기 위한 국경일이에요.

- **기념일(紀念日)**
  1973년 3월 30일에 만들어진 '각종 기념일 등에 관한 규정'에 따라 나라에서 축하하거나 기뻐할 일이 있을 때 기념하는 날을 말해요. 우리가 알고 있는 어린이날이나 어버이날도 대표적인 기념일이에요.

    식목일(植木日 4월 5일) 나무를 많이 심고 가꾸도록 하기 위하여 국가에서 정한 날이에요.
    근로자의 날(5월 1일) 열심히 일하는 근로자를 위로하고 힘을 북돋워 주기 위하여 정한 날이에요.
    어린이날(5월 5일) 어린이의 인격을 소중히 여기고, 어린이의 행복을 지키기 위해 정한 날이에요.
    어버이날(5월 8일) 부모님께 효도하고, 장한 어버이를 찾아서 상을 주고 격려할 목적으로 정한 날이에요.
    스승의 날(5월 15일) 스승의 은혜에 감사하고 존경하는 뜻으로 정한 날이에요.
    현충일(顯忠日 6월 6일) 나라를 위하여 목숨을 바친 사람들의 넋을 위로하고 추모하기 위하여 정한 날이에요.
    국군의 날(10월 1일) 한국 국군의 발전을 기념하는 날이에요.

- **공휴일(公休日)**
  '관공서의 공휴일에 관한 규정'에 맞게 공적(公的)으로 쉬기로 정해진 날이에요. 일요일, 국경일, 각종 기념일 등이 여기에 속해요.

마법의 상위권 어휘 스스로 평가표

01
다음 중 뜻을 자신 있게 말할 수 있는 낱말은 O표, 알쏭달쏭한 낱말은 △표, 자신 없는 낱말은 ×표 하세요.

국내 (　)　　국외 (　)　　실외 (　)　　실내 (　)　　내국인 (　)　　외국인 (　)
동갑 (　)　　동창 (　)　　협동 (　)　　동행 (　)　　동의 (　)

02
다음 중 뜻과 음을 자신 있게 말할 수 있는 한자는 O표, 알쏭달쏭한 한자는 △표, 자신 없는 한자는 ×표 하세요.

外 (　)　　同 (　)

03
〈평가 문제〉를 모두 풀고 정답을 확인해 보세요. 10문항 중 내가 맞힌 문항 수는 몇 개인가요?

❶ 9-10문항 (　)　　❷ 7-8문항 (　)　　❸ 5-6문항 (　)　　❹ 3-4문항 (　)　　❺ 1-2문항 (　)

| 부모님과 선생님께 |
위에서 어린이가 스스로 적은 내용을 보고, 어린이가 어려워하는 부분을 함께 보면서 어휘의 뜻과 쓰임을
이해할 수 있도록 해 주세요.

초등 **1-2** 단계

어휘를 알아야 만점을 잡는다!

스토리텔링식 신교과서 학습을 위한

마법의 상위권 어휘

제 **3** 호

어휘가 쑥쑥 자라요.

부모님과 선생님께서는 이렇게 지도해 주세요

제 **1** 일차	제 **2** 일차	제 **3** 일차	제 **4** 일차	제 **5** 일차
학예회를 준비하는 이야기를 읽고, '합창, 합주, 가사, 독주, 독창'을 익힙니다. 맛보기를 풀어 보고, 돋보기에서 어휘의 뜻과 설명을 공부하도록 지도해 주세요.	'歌'를 배우고, '歌'와 '합창, 합주, 가사, 독주, 독창'에 관련된 문제를 풀어 보며 어휘 학습을 하도록 지도해 주세요.	우주 탐험전에 간 이야기를 읽고, '풍물, 시설물, 물체, 인물, 생물'을 익힙니다. 맛보기를 풀어 보고, 돋보기에서 어휘의 뜻과 설명을 공부하도록 지도해 주세요.	'物'을 배우고, '物'과 '풍물, 시설물, 물체, 인물, 생물'에 관련된 문제를 풀어 보며 어휘 학습을 하도록 지도해 주세요.	교재에서 배운 모든 어휘와 한자에 대한 평가 문제를 풀어 보며 어휘 실력을 다지고, 자신의 실력도 평가해 봅니다.

교과서 학습 어휘 01

바른생활 | 슬기로운 생활 | 즐거운 생활 | 국어 | 수학

돋보기 합창·합주·가사·독주·독창

○ 글 속의 주황색 낱말들은 무슨 뜻일까요? 잘 생각하면서 다음 글을 읽어 보세요.

"너희들, 박자가 틀렸잖아."
합창을 하던 친구들이 합주를 하던 우리에게 짜증을 냈어요.
"쳇, 방금 전에 자기들은 가사를 틀려 놓고선……."
나는 입을 삐죽대며 노래하는 친구들을 흘겨보았어요.
며칠 후로 다가온 우리 반 학예회.
수업이 끝나고 모두들 연습을 하겠다며 남아 있었어요.
티격태격하는 우리와 달리 혼자 연습하는 친구도 있었어요.
피아노 독주를 맡은 세영이는 피아노를 치느라 정신이 없었어요.
독창을 맡은 성현이도 혼자서 노래 연습을 하고 있었지요.
"애들아, 아이스크림 사 왔다."
교실 문을 열고 선생님이 들어오셨어요.
"야호, 신난다!"
우리는 선생님 곁으로 우르르 몰려갔어요.
아이스크림은 정말 달콤했어요.
아이스크림의 달콤함에 우리는 학예회 준비의 고단함도 모두 잊었답니다.

 **맛보기** 그림을 잘 보고, 두 개의 낱말 가운데 알맞은 하나를 골라 ◯ 하세요.

1

"1, 2 모둠 친구들은 입을 모아 **합창** 독주 연습을 하고 있어요."
▶ 여러 사람이 목소리를 맞추어서 노래 부르는 것이에요.

2
"노래를 잘하는 성현이는 우리 반 대표로 노래자랑에 나가 합창 **독창** 을 해요."
▶ 혼자서 노래를 부르는 것이에요.

3

"무대 위에서 피아니스트가 **독주** 가사 를 시작하자 공연장은 쥐 죽은 듯 조용해졌어요."
▶ 혼자 악기를 연주하는 것이에요.

4
"지난 시간에 배운 노래를 연습해 보고 합주 **가사** 를 외워 오세요."
▶ 노랫말이에요.

5

" 우리는 이번 학예회에서 실로폰과 큰북을 합창 **합주** 하기로 했어요."
▶ 두 가지 이상의 악기로 동시에 연주하는 것이에요.

 돋보기

쑥떡 할아버지의 생신이에요. 다음 글을 읽으며 낱말을 익혀 보세요. 그리고 쏙쏙 문제도 풀어 보세요.

오늘은 쑥떡 할아버지의 60번째 생신이다.
떡들이 할아버지의 생신을 축하하는 잔치를 준비했다.
먼저 가래떡이 피아노로 근사하게 **독주**를 했고,
삼색 송편은 신나게 춤을 추며 **합창**을 했다.

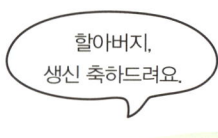

홀로 독 獨   연주할 주 奏

독 주

낱» (악기를) 홀로 연주함.

혼자 악기를 연주하는 것을 '독주'라고 해요.
세계적으로 유명한 연주자들이 독주회를 하는 것을 본 적이 있을 거예요.
피아노 독주회나 바이올린 독주회를 흔히 볼 수 있지요.

합할 합 合   부를 창 唱

합 창

낱» (목소리를) 합해 부름.

여러 사람이 목소리를 맞추어서 노래 부르는 것을 '합창'이라고 해요.
노래 부르기를 좋아하는 사람들은 합창하는 모임을 만들기도 하지요.
그런 모임을 합창단이라고 해요.

 쏙쏙 문제

빈칸에 알맞은 낱말을 〈보기〉에서 골라 써 보세요.   〈보기〉 합창, 독주

• 세영이가 홀로 연주한 피아노 ❶ _____ 가 끝나자 공연장에는 박수가 쏟아졌어요. 다음 순서인 우리는 떨리는 마음으로 무대에 올라 행진곡 가락에 맞추어 ❷ _____ 을 했어요.

다음으로는 쑥개떡의 **독창**이 이어졌다. 하지만 한 박자씩 늦게 노래를 부른 데다 마지막에 **가사**를 까먹는 바람에 잔치는 웃음바다가 되었다. 마지막으로 떡 아이들이 준비한 **합주**를 보며, 할아버지의 즐거운 생신 잔치는 막을 내렸다.

제 1 일차

홀로 독 獨　　부를 창 唱

독창

뜻 (노래를) 홀로 부름.

혼자서 노래를 부르는 것을 '독창'이라고 해요.
학교에서 노래를 잘 부르는 친구들은 노래자랑에 나가 독창을 해요.

노래 가 歌　　말 사 詞

가사

뜻 노랫말.

노랫말을 '가사'라고 해요. 유행하는 노래의 가사를 줄줄 외우는
친구들도 있어요. 학교에서 배우는 동요를 계속 따라 부르다 보면
자기도 모르게 가사가 저절로 외워지기도 해요.

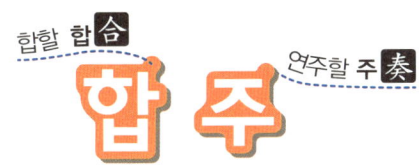

합할 합 合　　연주할 주 奏

합주

뜻 (악기를) 합해 연주함.

두 가지 이상의 악기로 동시에 연주하는 것을 '합주'라고 해요.
운동회 때 관악대의 언니와 오빠 들이 행진하며
여러 가지 악기를 연주하는 합주를 볼 수 있어요.

빈칸에 알맞은 낱말을 〈보기〉에서 골라 써 보세요.　　〈보기〉 합주, 독창, 가사

- 노래자랑이 시작되자 나는 ❶_____ 를 까먹을까 봐 조마조마해하며 ❷_____ 을 했어요.

  다음으로 어린이 음악대의 피아노와 실로폰 ❸_____ 가 이어졌어요.

한자에 대한 설명을 읽고, 한자를 익혀 보세요.

옛날 사람들은 낫【丁】으로 풀을 베며 일을 할 때 노래를 부르곤 했어요. 그러다 보면 노래의 흥겨운 가락에 힘든 줄도 몰랐지요. 노래를 부를 때에는 흥이 나서 입【口】이 저절로 커졌어요【欠】.

한자 암기 카드

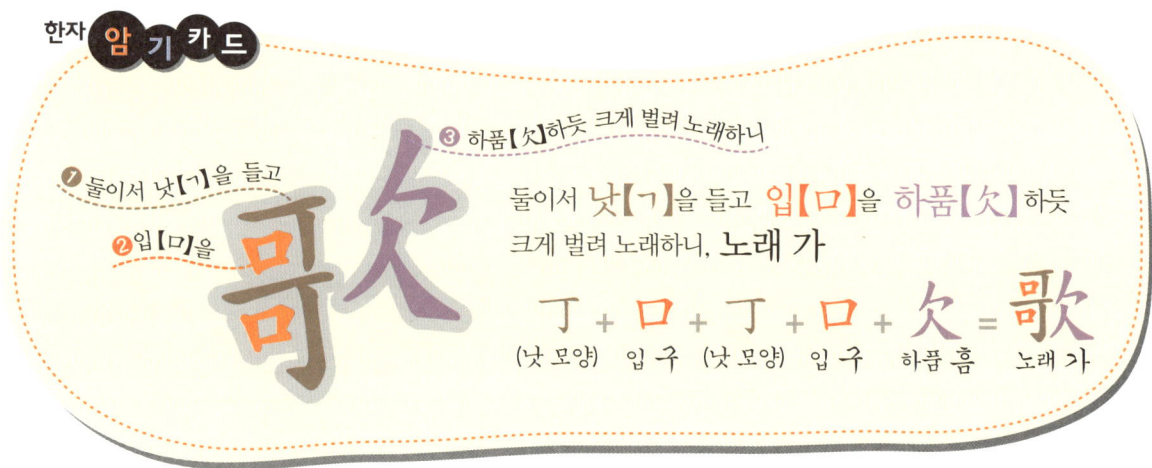

❶ 둘이서 낫【丁】을 들고
❷ 입【口】을
❸ 하품【欠】하듯 크게 벌려 노래하니

둘이서 낫【丁】을 들고 입【口】을 하품【欠】하듯 크게 벌려 노래하니, 노래 가

丁 + 口 + 丁 + 口 + 欠 = 歌
(낫 모양) 입 구 (낫 모양) 입 구 하품 흠 노래 가

노래 가 歌   재주 있는 사람 수 手

'가수'는 한자에서 온 말이에요. 노래를 잘하는 재주가 있는 사람이라는 뜻이지요.

'한자 암기 카드'를 보면서 빈칸에 알맞은 말을 써 보세요.

둘이서 ❶◯【丁】을 들고 ❷◯【口】을 ❸◯【欠】하듯 크게 벌려 노래하니, 노래 가(歌). 歌의 뜻은 ❹◯◯ 이고, 음은 ❺◯ 입니다.

1 歌의 뜻을 찾아 ➡에서 ●까지 길을 따라가 보세요.

2 歌의 뜻이 쓰여 있는 칸을 찾아 색칠하면 歌의 음이 나와요. 歌의 음을 ◯에 써 보세요.

3 '한자 암기 카드'를 생각하면서 歌를 순서에 따라 써 보세요.

둘이서 낫【ㄱ】을 들고 입【口】을 하품【欠】하듯 크게 벌려 노래하니, 노래 가(歌)

1. 마법의 나무에 글자 과일이 주렁주렁 열렸어요. 아래 문장 속 빈 과일과 같은 모양의 글자 과일을 나무에서 찾아 바른 순서대로 빈칸에 써 보세요.

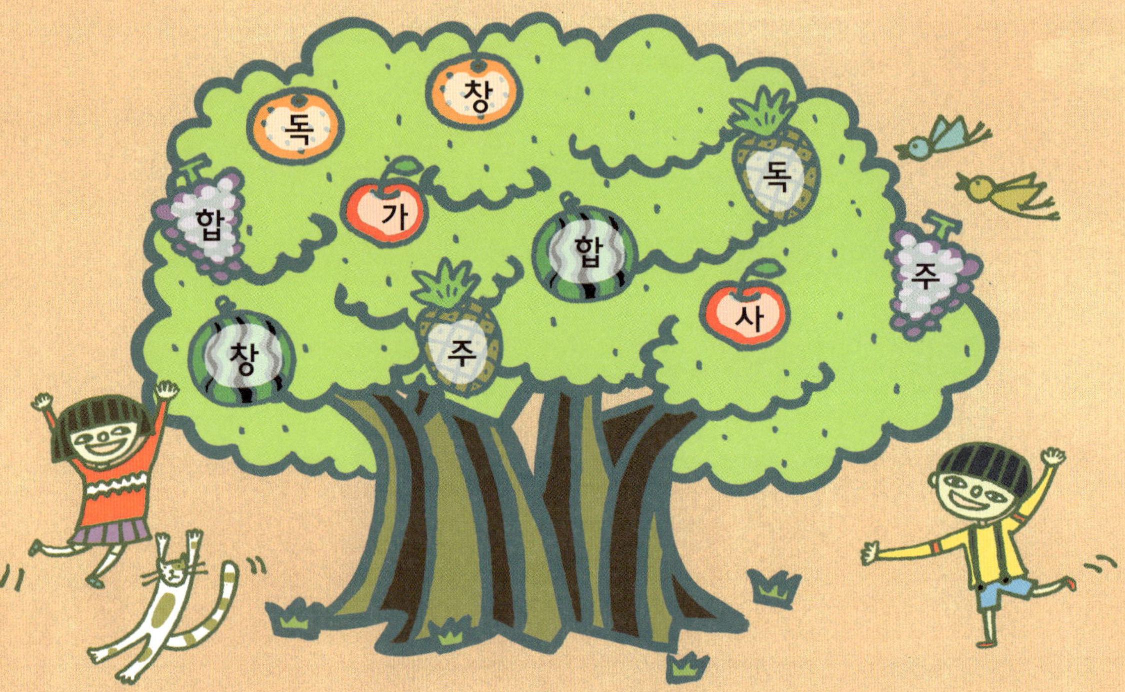

먼저 우리 반 꾀꼬리 박진영의 ◯◯ 이 있겠습니다.

악보에 있는 ◯◯ 를 잘 보고 따라 불러 보세요.

피아노를 잘 치는 김영민 군의 피아노 ◯◯ 가 있겠습니다.

다음 순서는 실로폰과 리코더의 ◯◯ 가 있겠습니다.

마지막으로 모두 입을 모아 교가를 ◯◯ 하겠습니다.

2 꽃병에 쓰인 뜻에 맞는 낱말을 꽃에서 찾아 색칠하세요.

혼자서 노래를 부르는 것

3 〈보기〉에 맞는 한자를 음식에서 찾아 ○표 하세요.

〈보기〉 둘이서 낫을 들고 입을 하품하듯 크게 벌려 노래하니, 노래 가

자라 보고 놀란 가슴 솥뚜껑 보고 놀란다

어휘랑 놀자 ①

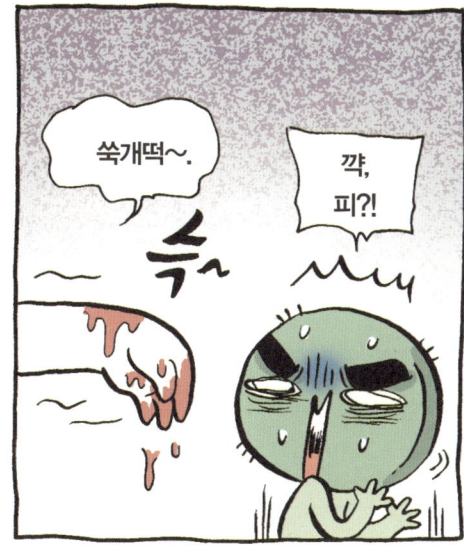

교과서 학습 어휘 02

바른생활 · 슬기로운 생활 · 즐거운 생활 · 국어 · 수학

돋보기 풍물 · 시설물 · 물체 · 인물 · 생물

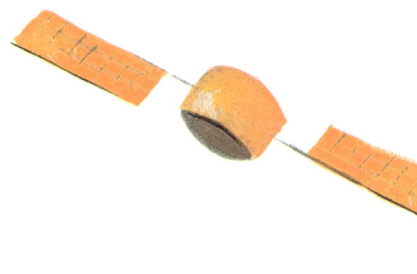

❶ 글 속의 주황색 낱말들은 무슨 뜻일까요? 잘 생각하면서 다음 글을 읽어 보세요.

"우리 '전통 풍물놀이전'에 갈까, '신나는 우주 탐험전'에 갈까?"

일요일 아침, 엄마가 물으셨어요.

"'신나는 우주 탐험전'이오!"

동생과 나는 동시에 소리쳤어요.

곧이어 우리는 '신나는 우주 탐험전'에 도착했어요.

전시장에는 우주선처럼 생긴 커다란 시설물이 있었어요.

안으로 들어가니 진짜 우주선 같았어요.

물체들은 공중을 둥둥 떠다녔어요.

우주복을 입은 마네킹들은 내가 책에서 보았던 인물과 똑같았어요.

벽에는 이 우주선이 화성에 생물이 있는지 조사하는 일을 한다고 쓰여 있었지요.

화성에 외계인도 살까요?

갑자기 이런 궁금증이 밀려왔어요.

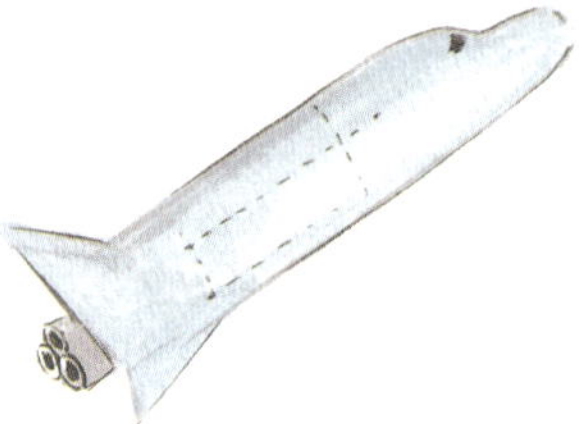

 **맛보기** 그림을 잘 보고, 두 개의 낱말 가운데 알맞은 하나를 골라 ◯ 하세요.

1

"다음 시간에는 모두 물체 인물 주머니를 준비하세요."
▶ 연필이나 지우개처럼 모양이 있어서 보고 만질 수 있는 것을 말해요.

2

"바다에 사는 생물 풍물 에는 무엇이 있는지 찾아봅시다."
▶ 살아 있는 동물과 식물을 말해요.

3

"물체 풍물 놀이의 흥겨운 가락에 맞춰 춤을 추어 봅시다."
▶ 주로 농촌에서 흥을 돋우려고 연주하는 농악을 가리키는 말이에요. 북이나 장구 같은 농악에 쓰는 악기를 통틀어 말하기도 해요.

4

"우리 학교에는 철봉이나 축구 골대 같은 다양한 생물 시설물 이 있어요."
▶ 여럿이 함께 쓰도록 만들어 놓은 도구나 장치를 말해요.

5

"글을 읽고, 인물 생물 의 생각이 잘 드러난 부분을 찾아봅시다."
▶ 소설과 같은 글이나 연극, 영화와 같은 장면 속에서 어떤 행동을 하는 사람을 가리키는 말이에요.

떡 마을 사람들이 이상해요. 다음 글을 읽으며 낱말을 익혀 보세요. 그리고 쏙쏙 문제도 풀어 보세요.

"떡 마을 사람들이 이상해졌다. 영화에 등장하는 **인물**들을 흉내 내기 시작한 것이다. 쑥개떡은 걸핏하면 보자기를 두르고 슈퍼맨처럼 날아다녔고, 시루떡은 가면을 뒤집어쓰고 불쑥불쑥 나타나 떡들을 놀래 주었다. 쑥떡 할아버지는 타임머신이라는 **시설물**을 만들고 혼자 좋아하신다."

사람 인 人 · 만물 물 物

인 물

소설과 같은 글이나 연극, 영화와 같은 장면 속에서 어떤 행동을 하는 사람을 가리켜 '인물'이라고 해요.
또, 훌륭한 일을 많이 한 사람을 가리키는 말이기도 하지요.
자기가 좋아하는 책을 읽고 나면 그 속에 나오는 인물의 행동을 따라 할 때가 있어요.
위인전에 나오는 인물은 본받을 점이 많지요.

베풀 시 施 · 베풀 설 設 · 만물 물 物

시 설 물

여럿이 함께 쓰도록 만들어 놓은 도구나 장치를 '시설물'이라고 해요.
학교 운동장의 미끄럼틀이나 축구 골대 같은 작은 시설물도 있고, 시청이나 공원과 같은 큰 시설물도 있어요.

빈칸에 알맞은 낱말을 〈보기〉에서 골라 써 보세요. 〈보기〉 시설물, 인물

- ❶ 이번 연극에서는 각자 맡은 소설 속의 _____ 이 되어 보는 거예요.
- ❷ 연극 무대는 우리 학교의 _____ 인 체육관에 만들기로 했어요.

> "꿀떡은 **물체**를 사라지게 한다며 며칠째 뜬눈으로 밤을 새우고 있고,
> 삼색 송편 가족은 하루 종일 **풍물**놀이만 하고 있다.
> 아, 괴롭다! 나같이 조용히 살고 싶은 **생물**은 이 떡 마을을 떠나야 할 것인가!"

제 3 일차

물체 (물건 物 · 몸 체 體)

연필이나 지우개처럼 모양이 있어서 보고 만질 수 있는 것을 '물체'라고 해요. 문방구에 가면 공깃돌, 주사위, 삼각자 같은 물체를 넣어 만든 물체 주머니를 볼 수 있어요.

풍물 (풍습 풍 風 · 물건 物)

주로 농촌에서 흥을 돋우려고 연주하는 농악을 '풍물'이라고 해요.
북이나 장구 같은 농악에 쓰는 악기를 통틀어 말하기도 하지요.
풍물놀이를 구경하고 있으면 신이 나고 흥겨워서 어깨가 절로 들썩여요.

생물 (살 생 生 · 만물 물 物)

살아 있는 동물과 식물을 '생물'이라고 해요.
물고기나 불가사리는 바닷속에 사는 생물이에요.
꽃과 나무, 들짐승은 모두 땅에 사는 생물이지요.

쏙쏙 문제

빈칸에 알맞은 낱말을 〈보기〉에서 골라 써 보세요.   〈보기〉 풍물, 생물, 물체

• 시골에 놀러 갔다가 북과 장구로 신나게 연주하는 ❶_____ 놀이를 구경했어요. 돌아오는 길에는 연못에 들러 연못에 사는 ❷_____ 도 보고, 여러 가지 ❸_____ 를 주머니에 넣어 가지고 돌아왔어요.

한자가 술술

한자에 대한 설명을 읽고, 한자를 익혀 보세요.

物 7급
뜻: 물건 음: 물
총 8획 | 부수 牛, 4획

옛날에는 소가 사람들에게 중요한 물건이었어요. 그래서 신에게 제사를 지낼 때면 소를 잡아 바치곤 했지요. 소【牛】를 잡다 보면 칼【勹】에 피【丿】가 묻었어요. 사람들은 이런 소를 '제물'이라고 했어요. 제사에 쓰는 물건이라는 뜻이었지요. '제물'은 시대가 변하면서 모든 '물건'을 뜻하는 말이 되었어요.

한자 암기 카드

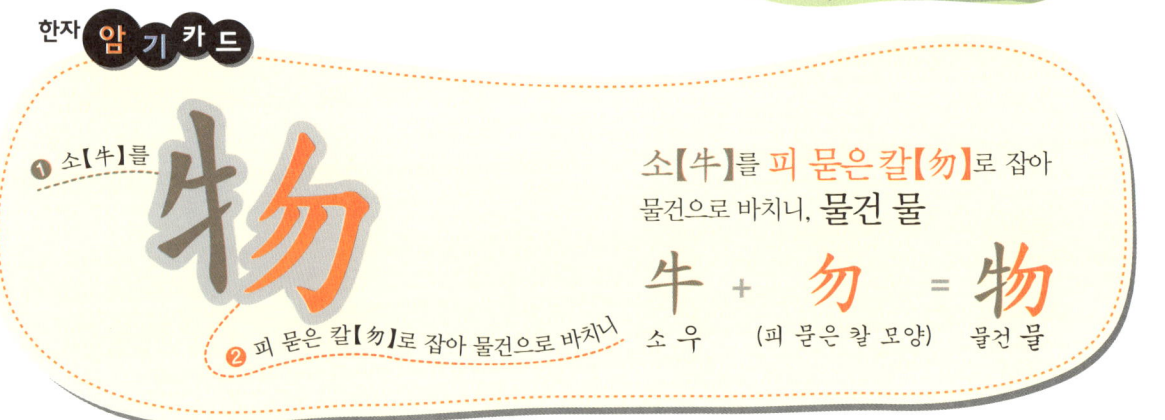

① 소【牛】를
② 피 묻은 칼【勹】로 잡아 물건으로 바치니

소【牛】를 피 묻은 칼【勹】로 잡아 물건으로 바치니, 물건 물

牛 + 勹 = 物
소 우 (피 묻은 칼 모양) 물건 물

 勹는 '둘러싸다'는 뜻의 '쌀 포'지만, 여기에서는 '칼 도(刀)'의 바뀐 모습으로 본단다.

件
뜻: 물건 음: 건
총 6획 | 부수 人, 4획

사람【亻】에게 소【牛】는 중요한 물건이었으니, 물건 건(件)

소는 예부터 사람에게 아주 중요한 물건이었어요. 특히 농사를 지을 때 더 그랬지요. 힘든 일을 도맡아 해 주었으니까요.
그래서 집집마다 소가 그 집에 없어서는 안 될 재산 목록 1호였답니다.

'한자 암기 카드'를 보면서 빈칸에 알맞은 말을 써 보세요.

① ◯【牛】를 ② ◯◯◯◯【勹】로 잡아 물건으로 바치니, 물건 물(物).

物의 뜻은 ③ ◯◯ 이고, 음은 ④ ◯ 입니다.

1 物의 뜻을 찾아 ○표 하세요.

2 物의 음을 찾아 ➡에서 ● 까지 길을 따라가 보세요.

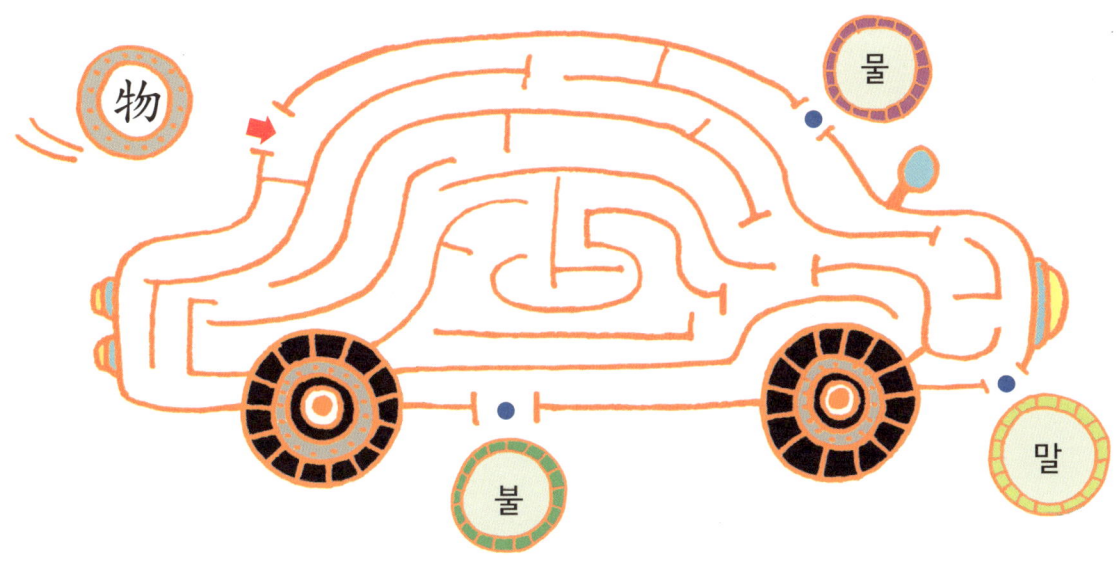

3 '한자 암기 카드'를 생각하면서 物을 순서에 따라 써 보세요.

소【牛】를
피 묻은 칼【勿】로
잡아 물건으로
바치니, 물건 물(物)

1 　☐에 쓰인 말이 맞으면 😊, 틀리면 😠로 길을 따라가 만나는 친구에게 ○표 하세요.

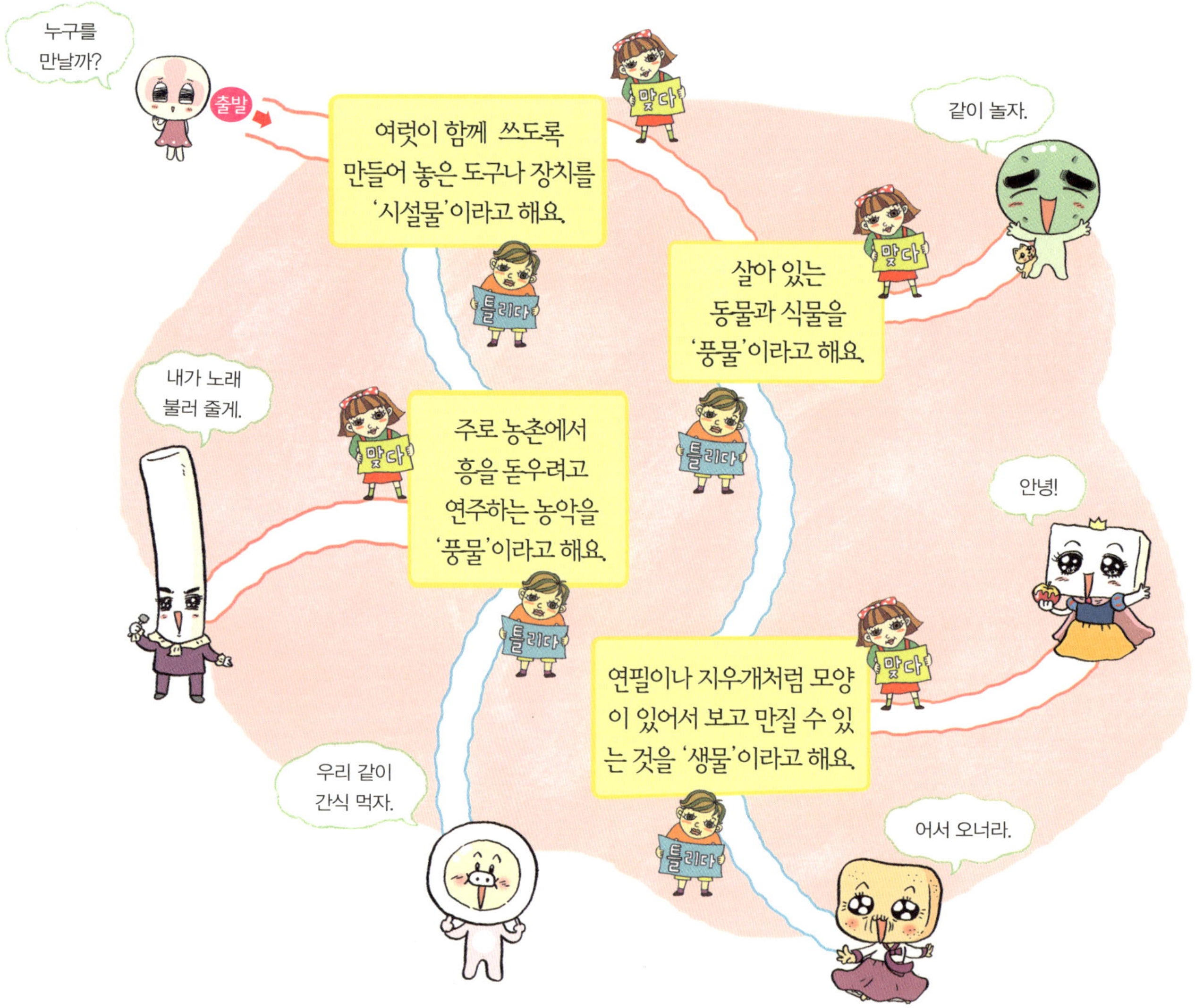

- 누구를 만날까?
- 여럿이 함께 쓰도록 만들어 놓은 도구나 장치를 '시설물'이라고 해요.
- 살아 있는 동물과 식물을 '풍물'이라고 해요.
- 같이 놀자.
- 내가 노래 불러 줄게.
- 주로 농촌에서 흥을 돋우려고 연주하는 농악을 '풍물'이라고 해요.
- 안녕!
- 연필이나 지우개처럼 모양이 있어서 보고 만질 수 있는 것을 '생물'이라고 해요.
- 우리 같이 간식 먹자.
- 어서 오너라.

2 　한자 카드가 찢어졌어요. 주어진 한자와 뜻음을 잘 보고 나머지 반을 찾아 ○표 하세요.

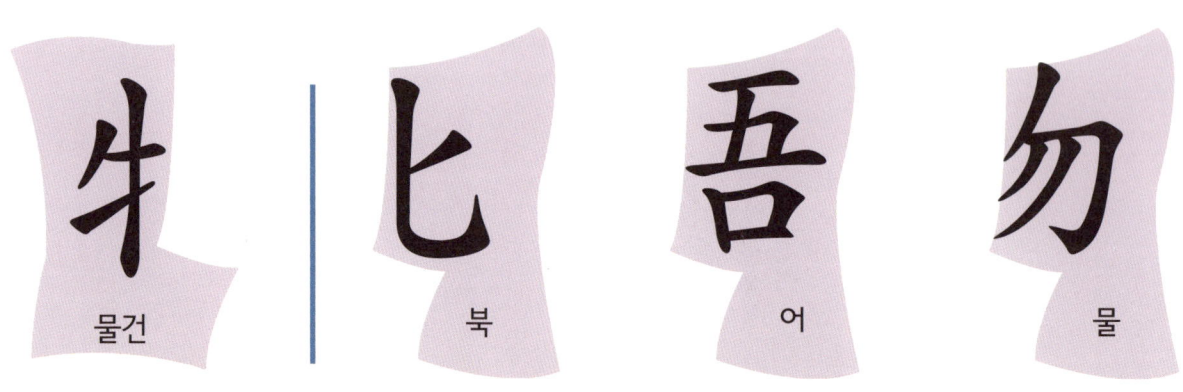

牛 　 물건　　ヒ 　 북　　吾 　 어　　勿 　 물

3 걸리버를 묶으려고 해요. 낱말의 알맞은 뜻을 찾아 바르게 이어 보세요.

비슷해서 **틀**리기 쉬운 말 **비**교해서 **틀**리지 말자

| 10월 12일 일요일 | ☀ ⛅ ☁ ☂ ☃ |

엄마랑 마트에 <u>갓다</u>. 스파게티를 해 주신다고 했다. *'갔다'라고 써야 한단다.*
난 버섯을 좋아하는데 그건 너무 <u>작게</u> 샀다. *'적게'라고 쓰는 거야.*
엄마가 버섯이 비싸다고 하셨다.
버섯 <u>갑이</u> 싸면 내가 많이 <u>머거서</u> 좋은데. *'값이'라고 써야 해.* *'먹어서'가 맞아.*
싸게 <u>팔아쓰면</u> 좋겠다. *'팔았으면'이라고 쓴단다.*

*이 글은 초등학교 1학년 어린이가 쓴 일기입니다.

비슷해서 **틀**리기 쉬운 말 **비**교해서 **틀**리지 말자

어휘랑 놀자 ②

키는 '작다', 우유는 '적다'

버섯의 양을 나타낼 때는 '작다'가 아니라
'적다'라고 해야 한단다.
'작다'는 정해진 크기에 모자라는 경우에 쓰이지.
'적다'는 수나 양의 정도가
일정한 기준에 미치지 못할 때 쓴단다.

키는 작다.

작다
- 길이, 넓이, 부피 따위가 비교 대상이나 보통보다 덜하다.
  예) 키가 작아서 맨 앞에 섰다.
- 정하여진 크기에 모자라서 맞지 아니하다.
  예) 옷이 작아서 입을 수 없다.

적다
- 수나 양의 정도가 일정한 기준에 미치지 못하다.
  예) 밥을 적게 먹었더니 배가 고프다.
- 장부나 일기를 기록하다.
  예) 장부에 하나도 빠짐없이 적었다.

우유는 적다.

평가 문제

1~2 빈칸에 알맞은 낱말을 〈보기〉에서 골라 써 보세요.

〈보기〉 독주, 합주, 합창

1. 모두 입을 모아 반주에 맞추어 ◯◯ 해요.

2. ◯◯ 를 하기 위해 우리 반 친구들 모두 악기를 열심히 연습하고 있어요.

3. 다음 글을 읽고 〈보기〉의 뜻을 가진 낱말을 찾아 빈칸에 써 보세요.

> 이야기를 들을 때 인물의 모습을 상상하며 들으면 훨씬 재미있고 오랫동안 기억할 수 있습니다. 인물의 모습을 상상하며 이야기를 읽어 봅시다.

〈보기〉 소설과 같은 글이나 연극, 영화와 같은 장면 속에서 어떤 행동을 하는 사람

◯◯

4~6 낱말과 뜻을 바르게 이어 보세요.

4. 시설물 •   • 살아 있는 동물과 식물

5. 생물   •   • 혼자 악기를 연주하는 것

6. 독주   •   • 여럿이 함께 쓰도록 만들어 놓은 도구나 장치

7~9 다음 글을 읽고 물음에 답하세요.

> 우리 반에서 학예회가 열렸어요.
> 민영이가 ㉠**독창**을 하다가 ㉡**노랫말**이 틀려서 모두 웃었어요.
> 가장 재미있었던 건 _____㉢_____ 놀이였어요.
> 장구, 징, 꽹과리 소리가 흥겹게 울려 퍼지자
> 나도 모르게 어깨가 들썩거렸어요.

7. ㉠의 뜻으로 바른 것을 골라 ○표 하세요.

❶ 혼자서 노래를 부르는 것
❷ 혼자 악기를 연주하는 것
❸ 두 가지 이상의 악기로 동시에 연주하는 것
❹ 여러 사람이 목소리를 맞추어서 노래 부르는 것

8. ㉡과 바꾸어 쓸 수 있는 낱말을 〈보기〉에서 골라 써 보세요.

〈보기〉 독주, 가사

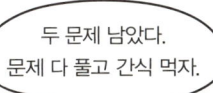

9. ㉢에 들어갈 알맞은 말을 골라 ○표 하세요.

❶ 인물   ❷ 물체   ❸ 풍물   ❹ 생물

10. 주어진 낱말에 들어가는 한자를 골라 이어 보세요.

물체   •   • 歌

가사   •   • 物

제 1 일차
- 05쪽 ❶ 합창 ❷ 독창 ❸ 독주 ❹ 가사 ❺ 합주
- 06쪽 ❶ 독주 ❷ 합창
- 07쪽 ❶ 가사 ❷ 독창 ❸ 합주

제 2 일차
- 08쪽 ❶ 낫 ❷ 입 ❸ 하품 ❹ 노래 ❺ 가
- 09쪽

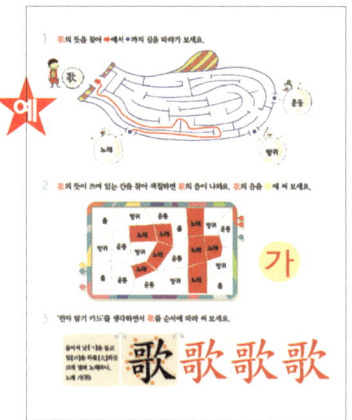

- 10쪽

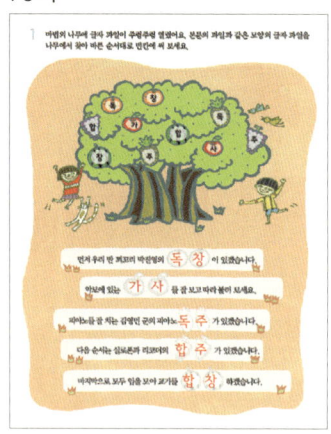

- 11쪽

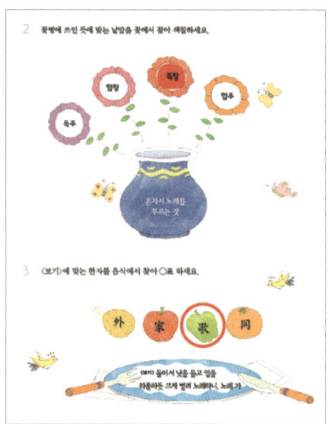

제 3 일차
- 15쪽 ❶ 물체 ❷ 생물 ❸ 풍물 ❹ 시설물 ❺ 인물
- 16쪽 ❶ 인물 ❷ 시설물
- 17쪽 ❶ 풍물 ❷ 생물 ❸ 물체

제 4 일차
- 18쪽 ❶ 소 ❷ 피묻은 칼 ❸ 물건 ❹ 물
- 19쪽

- 20쪽

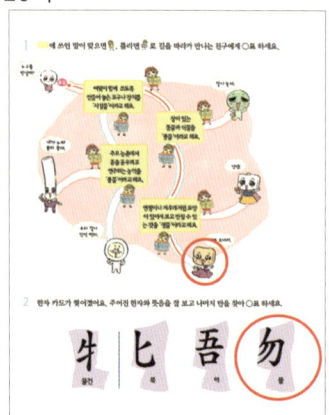

- 21쪽

제 5 일차
- 24~25쪽 1. 합창 2. 합주 3. 인물 4. 시설물 – 여럿이 함께 쓰도록 만들어 놓은 도구나 장치 5. 생물 – 살아 있는 동물과 식물 6. 독주 – 혼자 악기를 연주하는 것 7. ❶ 8. 가사 9. ❸ 10. 물체– 物, 가사 – 歌

⭐가 표시된 열린 미로 문제는 아이들의 생각에 따라 답을 찾아가는 길이 표시된 것과 다를 수 있습니다.

음악책에 나오는 용어들

음악을 공부하기 위해 음악책을 펼치면 다양한 말들이 나오지?
만약 그 말이 무슨 뜻을 나타내는지 모른다면
노래를 부르거나 연주할 수 없을 거야. 그런데 서양 음악과
우리나라 고유의 음악인 국악은 그 용어들이 다르단다.

- **서양 음악**

  서양(西洋)에서 들어온 음악(音樂)을 말해요.

  음표(音標) 악보에서 음의 길이를 나타내는 기호를 말해요.
  악보(樂譜) 오선지에 음악 기호와 높낮이를 그려서, 음악을 연주하거나 노래할 수 있게 한 것을 말해요.
  올림표(sharp) #으로 표시하며 음악에서 어떤 음을 반음 올릴 때 쓰는 기호예요.
  내림표(flat) ♭으로 표시하며 음악에서 어떤 음을 반음 내릴 때 쓰는 기호예요.
  스타카토(staccato) 음을 하나하나 짧게 끊어서 연주하는 연주법이에요.
  포르테(forte) 음악에서 '세게'를 뜻해요.
  피아노(piano) 음악에서 '여리게'를 뜻해요.
  피네(fine) 곡을 마친다는 뜻이에요.
  모데라토(moderato) 보통 빠르기로 연주하라는 뜻이에요.

- **국악**(國樂)

  우리나라【國】 고유의 음악을【樂】 말해요.

  산조(散調) 가야금, 거문고, 피리, 대금, 해금 등을 장구의 반주로 연주하는 기악 독주악곡을 말해요.
  장단(長短) 서양 음악의 리듬과 같은 뜻으로 국악에서 쓰는 말이에요.
  진양 판소리, 산조 등에 쓰이는 느린 장단이에요.
  중모리 진양조보다 조금 빠르고 중중모리보다 조금 느린 중간 빠르기를 말해요.
  자진모리 중중모리보다 빠른 속도로, 섬세하면서도 명랑하고 차분하면서 상쾌한 장단이에요.
  휘모리 가장 빠른 속도로 처음부터 급히 연주되는 장단이에요.
  우조(羽調) 거문고와 가야금 등의 높은 음조로 다른 곡조보다 밝고 씩씩해요.
  계면조(界面調) 슬프고 애타는 느낌을 주는 음조로 서양 음악의 단조와 비슷해요.

마법의 상위권 어휘 스스로 평가표

01
다음 중 뜻을 자신 있게 말할 수 있는 낱말은 ○표, 알쏭달쏭한 낱말은 △표, 자신 없는 낱말은 ×표 하세요.

합창(   )   합주(   )   가사(   )   독주(   )   독창(   )
풍물(   )   시설물(   )   물체(   )   인물(   )   생물(   )

02
다음 중 뜻과 음을 자신 있게 말할 수 있는 한자는 ○표, 알쏭달쏭한 한자는 △표, 자신 없는 한자는 ×표 하세요.

歌(   )   物(   )

03
〈평가 문제〉를 모두 풀고 정답을 확인해 보세요. 10문항 중 내가 맞힌 문항 수는 몇 개인가요?

❶ 9-10문항(   )   ❷ 7-8문항(   )   ❸ 5-6문항(   )   ❹ 3-4문항(   )   ❺ 1-2문항(   )

| 부모님과 선생님께 |
위에서 어린이가 스스로 적은 내용을 보고, 어린이가 어려워하는 부분을 함께 보면서 어휘의 뜻과 쓰임을
이해할 수 있도록 해 주세요.

어휘를 알아야 만점을 잡는다!

초등 1-2 단계

스토리텔링식 신교과서 학습을 위한
마법의 상위권 어휘
제 **4** 호

어휘가 쑥쑥 자라요.

부모님과 선생님께서는 이렇게 지도해 주세요

제 **1** 일차	제 **2** 일차	제 **3** 일차	제 **4** 일차	제 **5** 일차
청소 로봇의 이야기를 읽고, '수동, 활동, 동력, 변동, 능동'을 익힙니다. 맛보기를 풀어 보고, 돋보기에서 어휘의 뜻과 설명을 공부하도록 지도해 주세요.	'動'을 배우고, '動'과 '수동, 활동, 동력, 변동, 능동'에 관련된 문제를 풀어 보며 어휘 학습을 하도록 지도해 주세요.	용돈을 책에 숨겨 놓은 이야기를 읽고, '수집, 전집, 채집, 집중, 집계'를 익힙니다. 맛보기를 풀어 보고, 돋보기에서 어휘의 뜻과 설명을 공부하도록 지도해 주세요.	'集'을 배우고, '集'과 '수집, 전집, 채집, 집중, 집계'에 관련된 문제를 풀어 보며 어휘 학습을 하도록 지도해 주세요.	교재에서 배운 모든 어휘와 한자에 대한 평가 문제를 풀어 보며 어휘 실력을 다지고, 자신의 실력도 평가해 봅니다.

재활용품을 수집하는 날이에요.
책 속에 엄마 몰래 용돈을 숨겨 놓았는데
엄마가 책을 재활용품으로 내놓으려 하세요.
용돈은 괜찮을까요?

제 **3** 일차

교과서 학습 어휘 02
맛보기
돋보기

수집
전집
집중
집계
채집

제 **5** 일차

평가 문제

集 · 隹 · 木

제 **4** 일차

한자가 술술
한자 쏙쏙
도전! 어휘왕

어휘랑 놀자 2
비슷해서 틀리기 쉬운 말 비교해서 틀리지 말자
'덮다'와 '덥다'

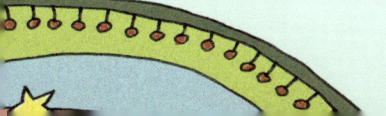

교과서 학습 어휘 01

돋보기) 수동 · 활동 · 동력 · 변동 · 능동

◐ 글 속의 주황색 낱말들은 무슨 뜻일까요? 잘 생각하면서 다음 글을 읽어 보세요.

위잉~ 위잉~.
나는 리모컨으로 작동되는 청소 로봇이야.
하루 종일 **수동**적으로 시키는 일만 하지.
내 **활동** 무대는 집 안이야.
아이들이 먹다 흘린 과자 부스러기며, 여기저기 떨어진 먼지를 청소해.
내겐 소원이 두 가지 있어. 하나는 사람들처럼 맛있는 음식을 먹고 싶다는 거야.
내 **동력**은 전기라서 청소가 끝나면 충전기를 꽂고 있어야 해.
전기는 찌릿찌릿하고 맛이 없어. 만약 그 일에 **변동**이 생기면 난 움직일 수 없게 되지. 전기 대신 맛있는 음식을 먹고 움직인다면 얼마나 좋을까?
또 다른 소원은 뭔 줄 아니?
그건 바로 **능동**적인 로봇이 되고 싶다는 거야.
춤을 추거나 바이올린을 연주하는 내 친구 로봇들처럼 말이야.
난 그림을 그리고 싶어.
언제쯤이면 내 소원들이 이루어질 수 있을까?

 **맛보기** 문장의 ◯에 알맞은 낱말을 찾아 줄로 이으세요.

1
"바람은 풍차를 움직이는 ◯이지요."
▶ 기계를 움직이는 힘을 말해요.

• 　 • 변동

2
"과자 값이 오르거나 내리면 가격이 ◯되었다고 해요."
▶ 상황이 바뀌어 달라지는 것을 말해요.

• 　 • 활동

3
"이 강아지 로봇은 스스로 알아서 ◯적으로 움직여요."
▶ 스스로 움직이는 것을 말해요.

• 　 • 동력

4
"발목을 다쳐서 ◯하기 어려워요."
▶ 어떤 일을 하려고 몸을 움직이는 것을 말해요.

• 　 • 수동

5
"이 로봇은 내가 명령한 대로만 움직이는 ◯적인 로봇이지요."
▶ 남이 시키는 대로 움직이는 것을 말해요.

• 　 • 능동

텔레비전에서 황당 뉴스를 하고 있어요. 내용을 잘 보고 〈보기〉에서 알맞은 낱말을 골라 ⬚ 안에 써 보세요.

〈보기〉 능동, 수동, 동력, 활동, 변동

잘 모르겠으면 7쪽을 읽어 봐요.

밤에 도적 떼가 어려운 사람을 돕는 ❶⬚을 하고 있습니다. 잡아야 할지 말아야 할지 모르겠습니다.

소풍 계획에 ❷⬚이 생겼습니다. 순돌이는 자기가 미워하는 친구에게 알려야 할까요, 말아야 할까요?

방학을 맞아 호랑이 선생님과 함께하는 '성격 바꾸기 캠프'가 열립니다. 시키는 대로만 하는 ❸⬚적인 성격을 스스로 알아서 하는 ❹⬚적인 성격으로 바꿔 준다고 하네요. 성격을 바꿔야 할까요, 말아야 할까요?

새로운 ❺⬚으로 가는 자동차가 개발되었습니다. 바로 과자로 가는 자동차입니다. 자동차에 넣어야 할지, 제가 먹어야 할지 잘 모르겠습니다.

생기 있을 활 活   움직일 동 動

활동

어떤 일을 하려고 몸을 움직이는 것을 '활동'이라고 해요.
우리들은 낮에 활동하지만, 박쥐들은 밤에 활동해요.

움직일 동 動   힘 력 力

동력

움직이는 힘.

기계를 움직이는 힘을 '동력'이라고 해요. 텔레비전의 동력은 전기예요.
배를 움직이는 동력은 석유, 풍차를 움직이는 동력은 바람이지요.

능할 능 能   움직일 동 動

능동

스스로 움직이는 것을 '능동'이라고 해요.
자기가 할 일은 스스로 알아서 능동적으로
하는 것이 좋아요.

받을 수 受   움직일 동 動

수동

남이 시키는 대로 움직이는 것을 '수동'이라고 해요.
남이 시키는 일만 하는 사람을 수동적이라고 하지요.

변할 변 變   움직일 동 動

변동

상황이 바뀌어 달라지는 것을 '변동'이라고 해요.
갑자기 몸이 아파 소풍을 못 가게 되었을 때처럼
계획에 변동이 생기면 선생님께 알려야 해요.

제1일차

한자에 대한 설명을 읽고, 한자를 익혀 보세요.

기계가 없던 옛날에는 무거운 것을 움직이려면 무조건 힘을 써야 했어요.
그래서 옛날 사람들은 '움직이다'라는 뜻을 가진 한자를 만들 때, 무거울 중(重)에 힘 력(力)을 더해 만들었지요.

한자 암기 카드

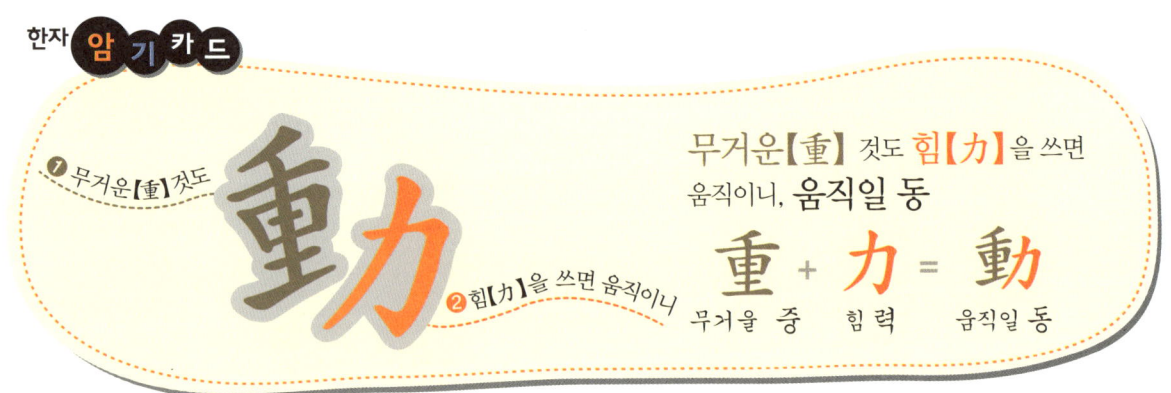

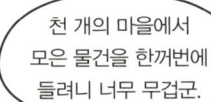

천(千) 개의 마을(里)에서 많은 물건을 모으니, 무거울 중(重)
일천 천(千)과 마을 리(里)로 되었네요.
천 개의 마을을 돌아다니며 물건을 하나씩 모은다고 생각해 보세요.
물건을 모두 모으면 천 개가 되겠지요?
그 물건들을 한꺼번에 들어 올린다면 어떨까요?
아마 엄청나게 무거울 거예요.

'한자 암기 카드'를 보면서 빈칸에 알맞은 말을 써 보세요.

① ◯◯◯【重】것도 ② ◯◯【力】을 쓰면 움직이니, 움직일 동(動).

動의 뜻은 ③ ◯◯◯◯ 이고, 음은 ④ ◯ 입니다.

제 2 일차

1. 動의 뜻에 맞는 표지판에 색칠하세요.

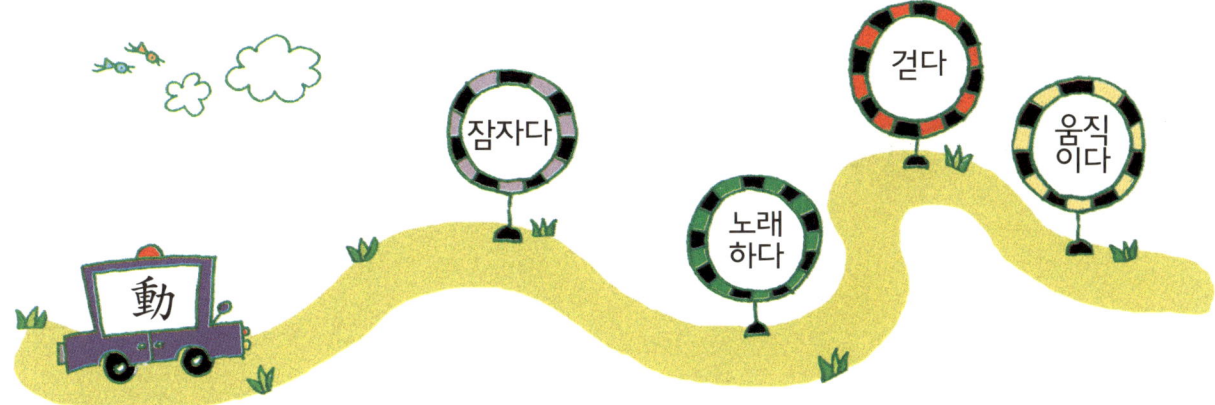

2. 인절미 할머니가 動의 음을 틀리게 썼어요. 선 하나를 그어 바르게 고쳐 주세요.

어디에 선을 그어야 하지?

동

3. '한자 암기 카드'를 생각하면서 動을 순서에 따라 써 보세요.

무거운【重】것도 힘【力】을 쓰면 움직이니, 움직일 동(動)

1 기차에 쓰인 뜻에 맞는 낱말을 오른쪽에서 찾아 줄로 이으세요.

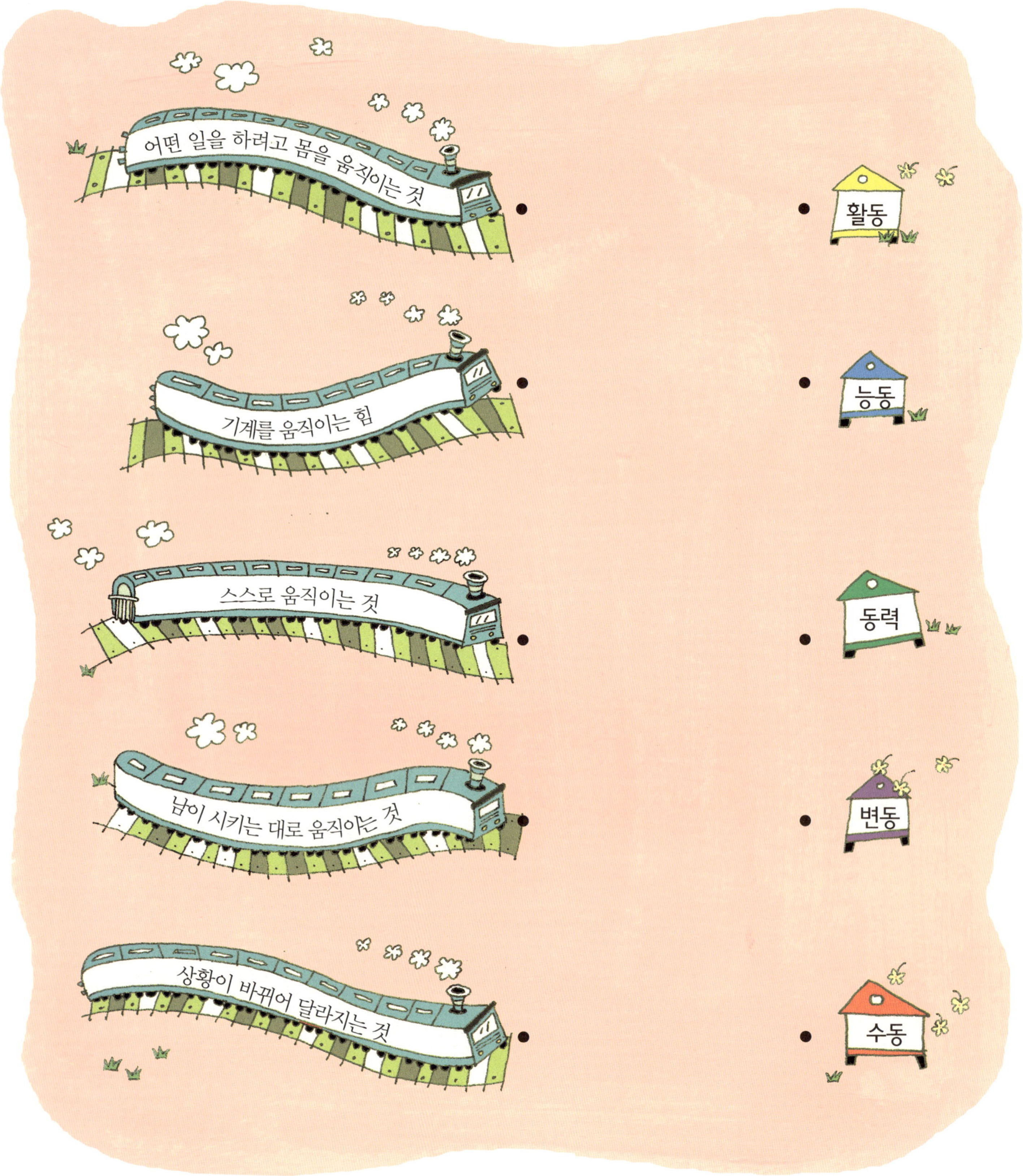

- 어떤 일을 하려고 몸을 움직이는 것 • • 활동
- 기계를 움직이는 힘 • • 능동
- 스스로 움직이는 것 • • 동력
- 남이 시키는 대로 움직이는 것 • • 변동
- 상황이 바뀌어 달라지는 것 • • 수동

2 꽃에 쓰인 뜻에 맞는 낱말을 찾아 ○표 하세요.

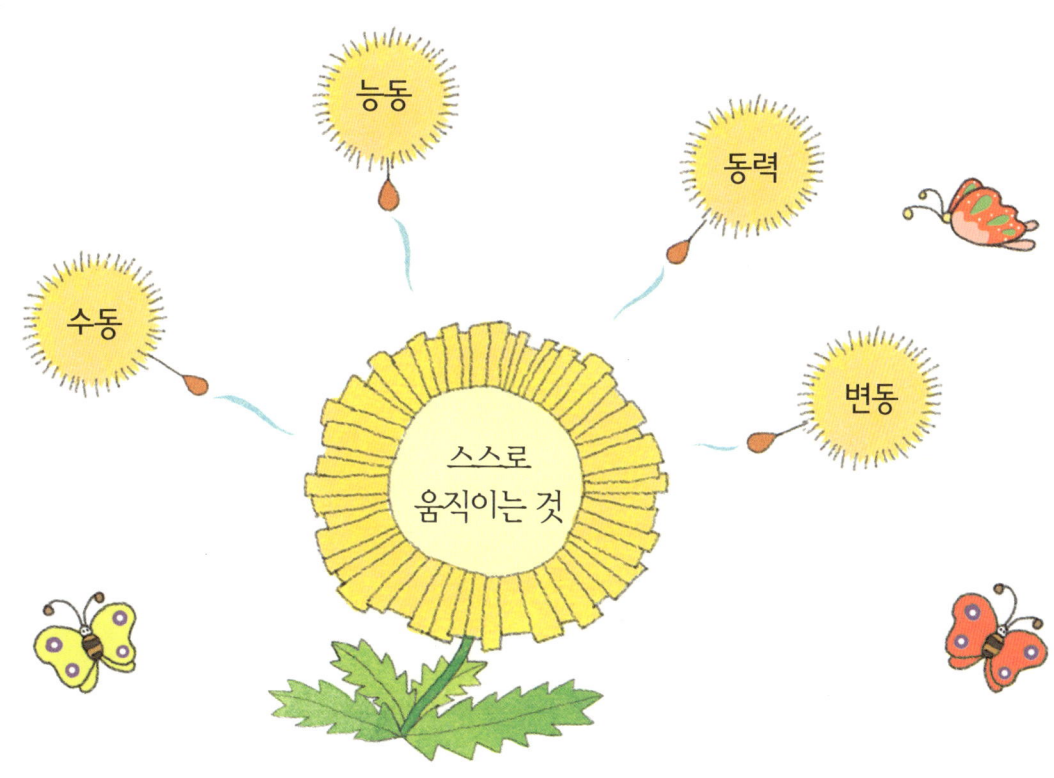

3 한자 카드가 찢어졌어요. 주어진 한자와 뜻음을 잘 보고 나머지 반을 찾아 ○표 하세요.

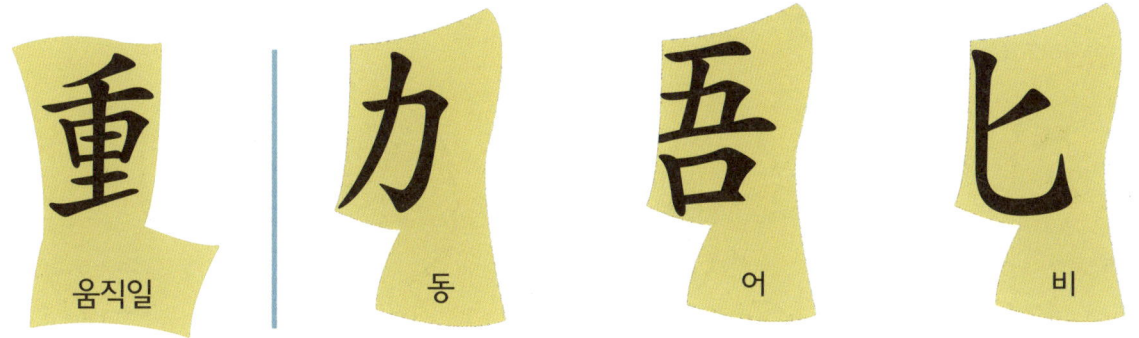

하룻강아지 범 무서운 줄 모른다

어휘랑 놀자 **1**

교과서 학습 어휘 02

바른생활 | 슬기로운 생활 | 즐거운 생활 | 국어 | 수학

돋보기 수집 · 전집 · 채집 · 집중 · 집계

◐ 글 속의 주황색 낱말들은 무슨 뜻일까요? 잘 생각하면서 다음 글을 읽어 보세요.

"영민아, 이것 좀 같이 들고 나가자."
오늘은 우리 아파트에서 재활용품을 수집하는 날이다.
나는 엄마를 도와 재활용품을 밖으로 들고 나갔다.
"어유, 무거워라."
엄마는 낑낑대며 종이 뭉치를 내려놓으셨다.
그 순간 나는 종이 뭉치 속에 끼여 있는 내 책을 보았다.
바로 내 방에 꽂혀 있던 전집 중의 〈곤충 채집〉 책이었다.
"엄마, 그 책은 안 돼요!"
나는 깜짝 놀라 소리치며 얼른 그 책을 빼 들고 내 방으로 뛰어갔다.
문을 잠그고 나서 책장을 넘기니 엄마 몰래 숨겨 놓은 용돈이 나왔다.
"천 원, 이천 원. 휴, 하마터면 모두 버릴 뻔했잖아."
나는 더 숨겨 놓은 것이 없는지 집중해서 다시 한 장씩 넘겨 보았다.
마지막 장에서 천 원짜리 또 발견!
모두 집계해 보니 삼천 원이나 되었다.
"이렇게 소중한 책을 버리려고 하시다니……."
책은 정말 유용한 창고다! 지식의 창고! 용돈의 비밀 창고!

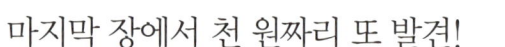

맛보기 그림을 잘 보고, 두 개의 낱말 가운데 알맞은 하나를 골라 ○ 하세요.

1

"이번에 새로 산 위인 수집 (전집)에는 100명이나 되는 위인들의 이야기가 들어 있어요."
▶ 같은 종류의 책을 한데 모아 여러 권으로 펴낸 책이에요.

2

"여름 방학 때 시골에 놀러 가면 곤충 채집 전집 을 하고 신나게 놀아요."
▶ 널리 돌아다니며 캐거나 잡아서 모으는 것이에요.

3

"칠판에 우리 반 반장 선거 수집 집계 결과를 쓰고 있어요."
▶ 관계가 있는 여러 가지 것을 한데 모아 셈하는 것이에요.

4

"시끄러우면 공부에 집중 채집 하기 어려워요."
▶ 한 가지 일에 온 힘을 쏟는 것이에요.

5

"우리 동네에는 버려진 종이나 병 같은 재활용품을 집중 수집 하는 할아버지가 계세요."
▶ 여기저기 흩어져 있는 것들을 거두어 한데 모으는 것이에요.

돋보기

떡 마을의 이모저모를 살펴볼까요? 내용을 잘 보고 〈보기〉에서 알맞은 낱말을 골라 ◯ 안에 써 보세요.

〈보기〉 채집, 수집, 집중, 전집, 집계

거둘 수 收 모을 집 集
수집

뜻 거두어 모음.

여기저기 흩어져 있는 것들을 거두어 한데 모으는 것을 '수집'이라고 해요. 종이나 병, 깡통 같은 재활용품을 한데 모을 때 수집한다고 하지요.

온전할 전 全 모을 집 集
전집

같은 종류의 책을 한데 모아 여러 권으로 펴낸 책을 '전집'이라고 해요.
우리 집 책장에는 그림책 전집과 위인 전집이 나란히 꽂혀 있어요.

모을 집 集 가운데 중 中
집중

한 가지 일에 온 힘을 쏟는 것을 '집중'이라고 해요.
수업 시간에는 장난치지 말고, 선생님 말씀에 집중해야 해요.
공부에 집중하면 성적도 오르지요.

모을 집 集 셀 계 計
집계

뜻 모아서 셈.

관계가 있는 여러 가지 것을 한데 모아 셈하는 것을 '집계'라고 해요.
나라의 중요한 일을 하는 대통령이나 국회의원 선거를 하고 난 후에
선거 결과를 집계해요. 우리 반 반장을 뽑을 때도 선거 결과를 집계하지요.

캘 채 採 모을 집 集
채집

뜻 캐서 모음.

널리 돌아다니며 캐거나 잡아서 모으는 것을 '채집'이라고 해요.
곤충을 모으는 건 곤충 채집, 식물을 모으는 건 식물 채집이라고 하지요.

한자에 대한 설명을 읽고, 한자를 익혀 보세요.

集 ^{6급}

뜻	음
모일	집
모을	집

총 12획 | 부수 隹, 4획

나뭇가지 위에 모여 있는 새를 보세요.
보통은 무리를 지어 모여 있어요.
모일 집(集)에는 새【隹】라는 글자와 나무【木】라는
글자가 들어 있어요. 새들이 나무 위에 모인다는 뜻이지요.

한자 **암기 카드**

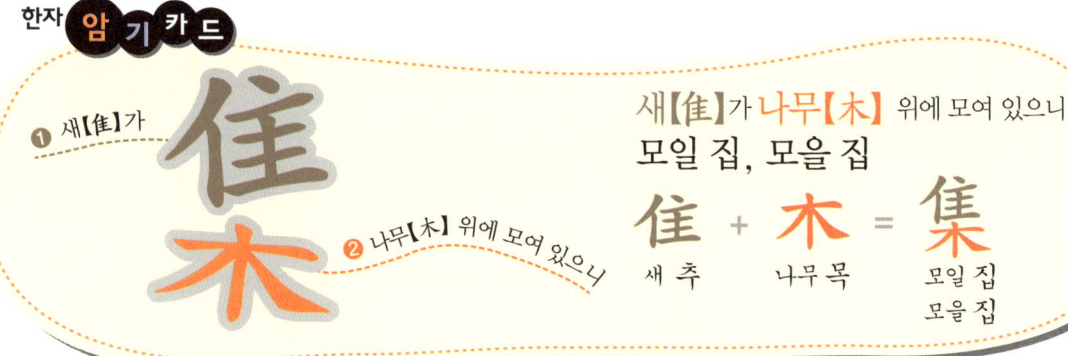

새【隹】가 나무【木】 위에 모여 있으니,
모일 집, 모을 집

隹 + 木 = 集
새 추　나무 목　모일 집
　　　　　　　　모을 집

집(集)에 들어 있는 한자를 살펴볼까요?

隹

뜻	음
새	추

총 8획 | 부수 隹

새 추(隹)는 꽁지가 짧은 새를
본떠서 만든 글자예요.
글자를 보면 깃털을 강조해서
표현한 것을 알 수 있어요.

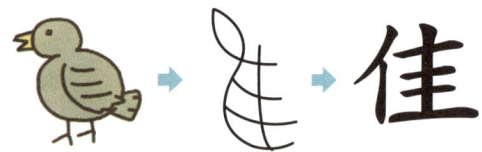

木 ^{8급}

뜻	음
나무	목

총 4획 | 부수 木

나무 목(木)은 나무의 가지와 줄기,
뿌리의 모습을 그대로 본떠서
만든 글자예요.

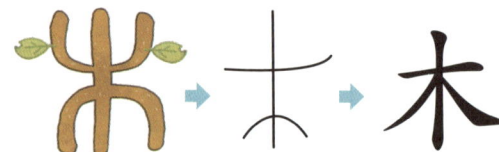

'한자 암기 카드'를 보면서 빈칸에 알맞은 말을 써 보세요.

❶◯【隹】가 ❷◯【木】 위에 모여 있으니, 모일 집, 모을 집(集).

集의 뜻은 ❸◯◯◯, ❹◯◯◯ 이고, 음은 ❺◯ 입니다.

1 集의 뜻을 찾아 ➡에서 ●까지 길을 따라가 보세요.

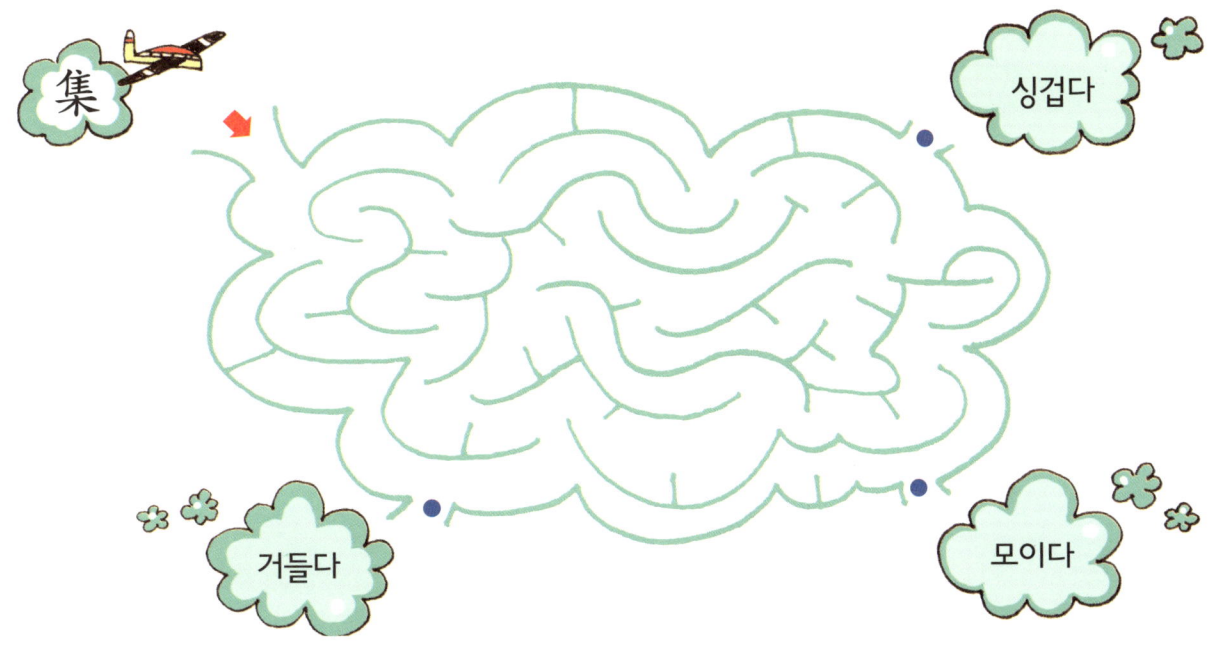

2 인절미 할머니가 集의 음을 틀리게 썼어요. 선 하나를 그어 바르게 고쳐 주세요.

어디에 선을 그어야 하지?

3 '한자 암기 카드'를 생각하면서 集을 순서에 따라 써 보세요.

새【隹】가 나무【木】 위에 모여 있으니, 모일 집, 모을 집(集)

1. 생쥐들이 운동화 끈을 꿰려고 해요. 낱말의 뜻과 낱말을 바르게 이어 보세요.

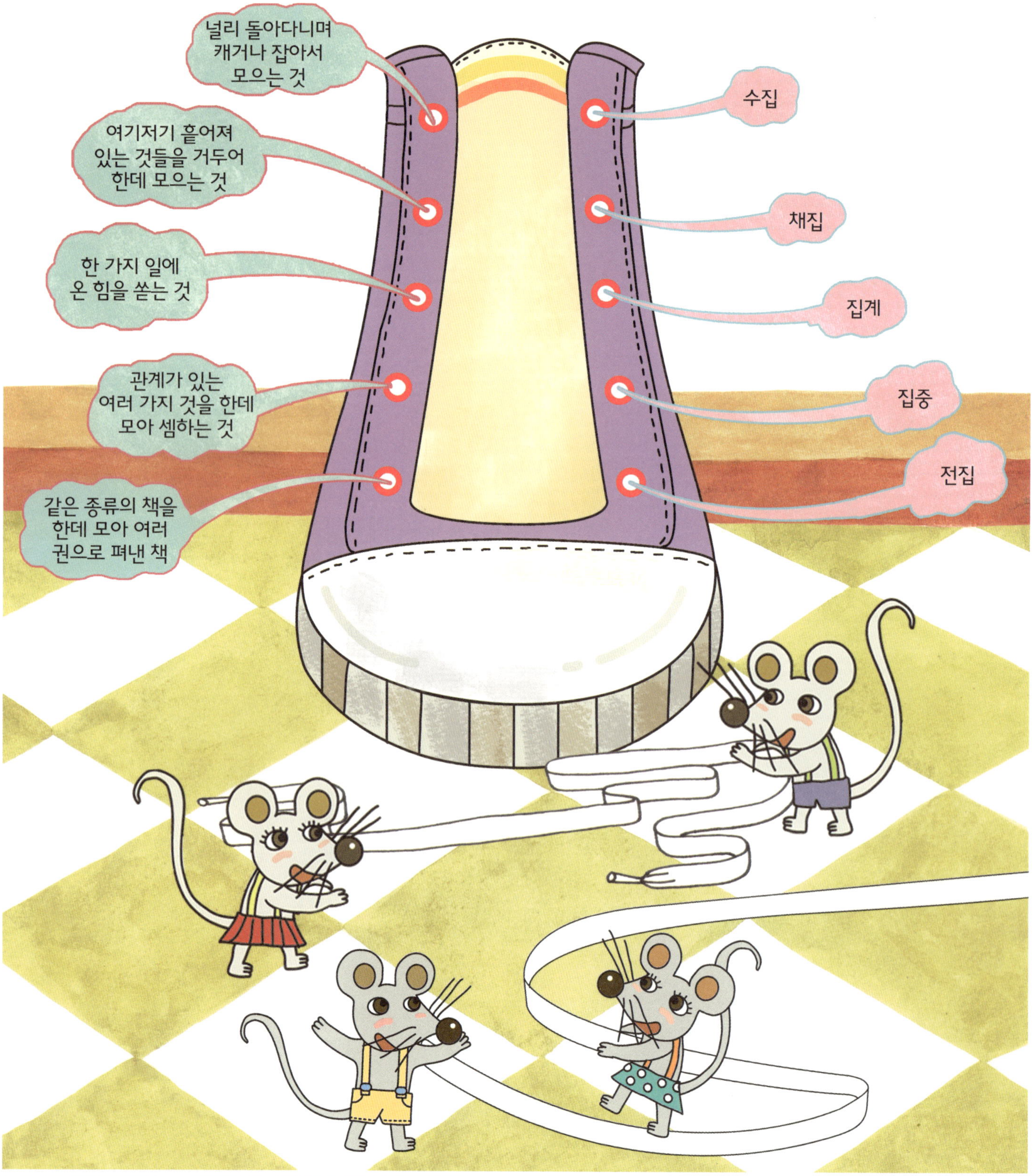

- 널리 돌아다니며 캐거나 잡아서 모으는 것
- 여기저기 흩어져 있는 것들을 거두어 한데 모으는 것
- 한 가지 일에 온 힘을 쏟는 것
- 관계가 있는 여러 가지 것을 한데 모아 셈하는 것
- 같은 종류의 책을 한데 모아 여러 권으로 펴낸 책

- 수집
- 채집
- 집계
- 집중
- 전집

2. 거미에 쓰인 낱말의 알맞은 뜻을 나뭇잎에서 찾아 ○표 하세요.

- 같은 종류의 책을 한데 모아 여러 권으로 펴낸 책
- 널리 돌아다니며 캐거나 잡아서 모으는 것
- 집중
- 한 가지 일에 온 힘을 쏟는 것
- 관계가 있는 여러 가지 것을 한데 모아 셈하는 것
- 여기저기 흩어져 있는 것들을 거두어 한데 모으는 것

3. 〈보기〉에 맞는 한자를 찾아 ○표 하세요.

〈보기〉 새가 나무 위에 모여 있으니, 모일 집

住　木　集　長

10월 6일 월요일

'찾아'라고 써야 한단다.
〈엄마 찾아 삼만 리〉를 보았다.

마르코는 용감한 아이다.

나 같으면 무서워서 집을 떠나지 못했을 거다.

배에서 만난 할아버지는 마르코 얘기도 들어 주고

'덮어'라고 써야 한단다.
담요도 덥어 주고 기차표도 사 주고, 참 친절하시다.

* 이 글은 초등학교 1학년 어린이가 쓴 일기입니다.

평가 문제

1~2 그림을 보고, 빈칸에 알맞은 말을 〈보기〉에서 골라 써 보세요.

〈보기〉 동력, 집중

1.
   - 시끄러우면 공부에 ⬤⬤ 하기 어려워요.

2.
   - 풍차를 움직이게 하는 ⬤⬤ 은 바람이에요.

3~5 뜻에 알맞은 낱말을 찾아 이은 후, 낱말에 들어가는 한자를 찾아 이어 보세요.

3. 남이 시키는 대로 움직이는 것 • • 전집 • • 動

4. 같은 종류의 책을 한데 모아 여러 권으로 펴낸 책 • • 수집 •

   • 集

5.  여기저기 흩어져 있는 것들을 거두어 한데 모으는 것 • • 수동 •

6~7 빈칸에 알맞은 낱말을 〈보기〉에서 골라 써 보세요.

〈보기〉 변동, 집계

6. 우리 반 반장 선거 결과를 ◯◯ 해 보니 내가 반장이 되었어요.

7. 과자 값이 ◯◯ 되었어요. 값이 너무 올라 조금밖에 못 사 먹었어요.

우리 반에서는 인기 좋은 내가 반장이야.

8~10 다음 글을 읽고 물음에 답하세요.

> 오늘도 엄마의 칭찬이 시작되었어요.
> "너는 어쩜 이렇게 ㉠ 적이니?
> 엄마가 말하지 않아도 스스로 알아서 뭐든지 잘하는구나!
> 청소도, 방과 후 ㉡활동도, 네 스스로 모두 말이야!"
> 나는 어깨가 으쓱했어요. 역시 엄마는 날 잘 아신다니까요.
> 그래서 이번에는 또 어떤 걸로 엄마를 기쁘게 해 드릴까 생각했어요.
> 그래요, 이번에는 그동안 ㉢ 한 나비들을 한데 모아
> 그림책을 만드는 거예요. 아마 이번에도 엄마는 기뻐하실 거예요.

8. ㉠에 들어갈 말은 무엇인지 〈보기〉의 뜻에 알맞은 말을 골라 ◯표 하세요.

〈보기〉 스스로 움직이는 것

❶ 능동   ❷ 활동   ❸ 수동   ❹ 변동

9. ㉡의 뜻은 무엇인가요?
❶ 스스로 움직이는 것   ❷ 남이 시키는 대로 움직이는 것
❸ 상황이 바뀌어 달라지는 것   ❹ 어떤 일을 하려고 몸을 움직이는 것

10. ㉢에 들어갈 말로, 〈보기〉의 뜻을 가진 낱말을 빈칸에 써 보세요.

〈보기〉 널리 돌아다니며 캐거나 잡아서 모으는 것

◯◯

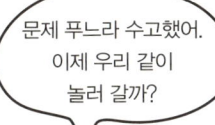
문제 푸느라 수고했어. 이제 우리 같이 놀러 갈까?

| 제 1 일차 | 05쪽 |  | 06쪽 | ❶ 활동 ❷ 변동 ❸ 수동 ❹ 능동 ❺ 동력 |

제 2 일차
08쪽 ❶ 무거운 ❷ 힘 ❸ 움직이다 ❹ 동
09쪽 / 10쪽 / 11쪽
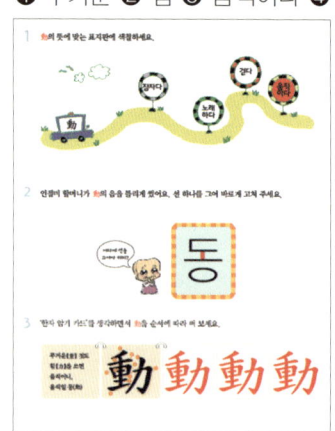

제 3 일차
15쪽 ❶ 전집 ❷ 채집 ❸ 집계 ❹ 집중 ❺ 수집
16쪽 ❶ 집중 ❷ 수집 ❸ 채집 ❹ 집계 ❺ 전집

제 4 일차
18쪽 ❶ 새 ❷ 나무 ❸ 모이다 ❹ 모으다 ❺ 집
19쪽 / 20쪽 / 21쪽
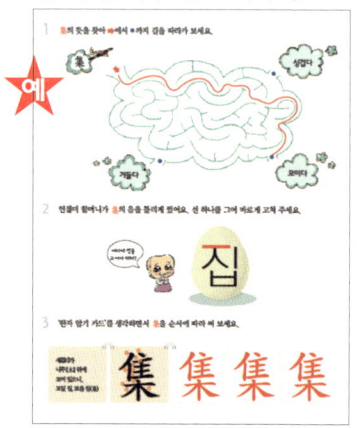

제 5 일차
24~25쪽 1. 집중 2. 동력 3. 남이 시키는 대로 움직이는 것 – 수동 – 動 4. 같은 종류의 책을 한데 모아 여러 권으로 펴낸 책 – 전집 – 集 5. 여기저기 흩어져 있는 것들을 거두어 한데 모으는 것 – 수집 – 集 6. 집계 7. 변동 8. ❶ 9. ❹ 10. 채집

★가 표시된 열린 미로 문제는 아이들의 생각에 따라 답을 찾아가는 길이 표시된 것과 다를 수 있습니다.

민속놀이

민속놀이는 예로부터 민간에 전해 내려오는 놀이야. 놀이를 통해 각 지방의 풍속과 생활 모습을 알 수 있어. 특히 명절이나 지역의 행사 때에는 마을 사람들이나 가족이 함께 즐기던 놀이를 통해서 서로 친하게 지내거나 그해의 풍년을 기원하기도 했단다.

윷놀이	편을 갈라 윷으로 승부를 겨루는 놀이예요. 정월 초하루부터 보름날까지 즐겨요.
꼬리잡기	가위바위보를 해서 맨 처음 이긴 아이가 머리가 되고 마지막까지 진 아이가 술래가 되어요. 머리가 된 앞사람의 허리를 잡고 모두 그 뒤에 한 줄로 길게 매달리면 술래가 꼬리에 있는 아이를 잡으면 되지요.
그림자밟기	술래가 된 사람이 다른 사람의 그림자를 밟는 놀이예요.
고누놀이	땅바닥이나 사방 30센티미터쯤 되는 널판에 여러 가지 모양의 판을 그리고 말을 옮겨서 승부를 결정짓는 놀이예요.
비석치기	아이들이 어른 손바닥만 한 납작한 돌인 비석을 세워 놓고 어느 정도 떨어진 거리에서 자기의 비석을 던져 상대편의 비석을 맞혀 쓰러뜨리며 노는 놀이예요.
쥐불놀이	논두렁과 밭두렁에 불을 놓는 정월의 민속놀이예요.
자치기	긴 막대기로 나무토막을 쳐서 날리거나 날린 나무토막을 받는 놀이예요.
공기놀이	작은 돌을 일정한 규칙에 따라 집고 받는 놀이예요.
널뛰기	음력 정초, 5월 단오, 8월 한가위 같은 큰 명절에 부녀자들이 즐기는 놀이예요.
팽이치기	나무나 플라스틱과 쇠를 섞어 만들어진 팽이를 돌리는 놀이예요.
딱지치기	종이를 접어 만든 딱지를 땅바닥에 놓고 다른 딱지로 그 옆을 쳐서 바닥의 딱지가 뒤집히거나 일정한 선 밖으로 나가면 따먹는 놀이예요.
제기차기	구멍 뚫린 동전이나 엽전을 종이나 헝겊으로 싸서 발로 차는 겨울철 민속놀이예요.
더위팔기	정월 대보름날 아침에 하는 풍속으로 상대방의 이름을 불러 더위를 팔면, 그해 더위를 잘 견딜 수 있다고 믿었어요.
투호	옛날 궁중이나 양반집에서 항아리에 화살을 던져 넣던 놀이예요.
놋다리밟기	경북 안동, 의성 등지에서 음력 정월 대보름날 밤에 부녀자들이 하는 민속놀이로 부녀자들이 다리를 만들면 그 위를 걸어가는 놀이예요.
쇠머리대기	목우전(木牛戰)이라고도 하는데, 나무로 소 모양을 만들어서 겨루어 뒤로 밀리거나 밑으로 깔리면 지는 놀이예요.

마법의 상위권 어휘 스스로 평가표

01
다음 중 뜻을 자신 있게 말할 수 있는 낱말은 ○표, 알쏭달쏭한 낱말은 △표, 자신 없는 낱말은 ×표 하세요.

수동(　) 활동(　) 동력(　) 변동(　) 능동(　)
수집(　) 전집(　) 채집(　) 집중(　) 집계(　)

02
다음 중 뜻과 음을 자신 있게 말할 수 있는 한자는 ○표, 알쏭달쏭한 한자는 △표, 자신 없는 한자는 ×표 하세요.

動(　) 集(　)

03
〈평가 문제〉를 모두 풀고 정답을 확인해 보세요. 10문항 중 내가 맞힌 문항 수는 몇 개인가요?

❶ 9-10문항(　) ❷ 7-8문항(　) ❸ 5-6문항(　) ❹ 3-4문항(　) ❺ 1-2문항(　)

| 부모님과 선생님께 |
위에서 어린이가 스스로 적은 내용을 보고, 어린이가 어려워하는 부분을 함께 보면서 어휘의 뜻과 쓰임을 이해할 수 있도록 해 주세요.